LA GUÍA COMPLETA PARA TOCAR GUITARRA DE BLUES

Libro 3 - Más allá de las pentatónicas

JOSEPH ALEXANDER

FUNDAMENTAL CHANGES

La guía completa para tocar guitarra blues

Libro 3 - Más allá de las pentatónicas

ISBN: 978-1-78933-092-2

Publicado por **www.fundamental-changes.com**

Traducido por María Julieta Pallero

www.fundamental-changes.com

Contents

Prólogo

Originalmente esta serie iba a tener solo 2 libros, el primero de los cuales se enfocaría en el ritmo de la guitarra de blues, mientras que el segundo se enfocaría en los solos. Estoy sumamente orgulloso de ambos libros, aunque hay dos cosas para las que no tuve lugar de cubrir en detalle:

Los distintos esquemas de solos, escalas, texturas y enfoques que puedes utilizar mientras realizas tu solo.

Cómo articular o "apuntale" a los cambios de acordes en tus solos para proporcionarles una gran profundidad, interés y emoción a tus melodías.

Elección de escala

Los conceptos sobre los solos en el libro 2 trataban, fundamentalmente, de *ritmo* y *fraseo*. Primero y principal, creo que estos conceptos de ritmo y sensación son mucho más importantes en el solo auténtico de blues que en la elección de escala. Esto se debe a que, aún si conociéramos *todas* las opciones de escala posibles, no sonarían bien si las tocáramos con un ritmo, fraseo y sensación mediocres.

De todas formas, una vez que podamos tocar los solos con buen ritmo y sensación, un conocimiento detallado de las opciones de escala y los "colores" únicos que las escalas le pueden brindar a nuestra música serán esenciales si lo que deseamos es ser realmente expresivos.

Existen muchas escalas distintas que pueden ser usadas sobre el blues de 12 compases; algunas de ellas pueden ser usadas sobre la progresión completa y algunas suenan mejor cuando se tocan sobre solo uno o dos acordes.

Nos ocuparemos de las escalas más comunes a su debido tiempo, y daremos teoría, aplicación y muchos licks útiles para cada una. Lo más importante para llevarse es el *sonido* de las escalas. Nunca deberíamos aprender las escalas sólo porque sí; cada una de ellas le proporciona diferentes colores e inflexión a nuestra música, a la vez que alteran sutilmente el estado de ánimo de nuestros solos.

Podemos acabar teniendo una vasta selección de posibilidades para los solos así que, para interiorizar y organizar esta información, he incluido un conjunto de "esquemas de solos", proporcionando posibles aplicaciones de escala y licks para cada sección de la progresión de blues.

Articulación de acordes (targeting/focalización de notas)

¿Alguna vez te has preguntado cómo los grandes guitarristas de blues siempre parecen poder tocar la nota exacta en el momento exacto? ¿Recuerdas haber oído simplemente una nota de un solo que te hizo sentir increíble?

Uno de los secretos de esta técnica en apariencia mágica consiste en apuntarle a las notas específicas exactamente *cuando los acordes cambian.*

La nota que ha sido focalizada es, a menudo (pero no siempre), un tono de arpegio importante en el acorde nuevo, y tocándolo en un momento específico podremos *esbozar* o sugerir parte de la progresión armónica subyacente en nuestra melodía improvisada.

Si lo exageramos, nuestras líneas pueden comenzar a sonar demasiado similares a un estilo de jazz, pero usándolo con sutileza y discreción podremos comenzar a tocar solos extremadamente emotivos y articulados sobre cualquier progresión armónica.

Muchos guitarristas de blues aficionados "cubren" toda la progresión armónica con la escala pentatónica menor pero, con un poco de estudio, verás que solo cambiando una o dos notas de nuestros solos podremos darle un nivel de profundidad nuevo e intenso a nuestra música.

Cuando el concepto de la articulación de acordes a través de las notas "objetivo" es usado junto con nuevas opciones de escala, comenzamos a tocar solos más significativos, emocionales y *melódicamente interesantes...* Combina esto con todas las técnicas de ritmo y fraseo que aparecen en el libro 2 y estarás en el camino correcto para dominar los solos de guitarra de blues.

Comenzaremos por el concepto de articulación de acordes porque es la forma más inmediata y efectiva de darle vida nueva y un alma al solo. Sencillamente teniendo en cuenta unas pocas posibilidades diferentes de notas que ocurran cuando los acordes cambien, podremos marcar una profunda diferencia en nuestra interpretación.

Los conceptos en este libro ilustran la diferencia entre los intérpretes de guitarra blues melódicamente fuertes y armónicamente conscientes y aquellos que se las arreglan cubriendo sus solos únicamente con la escala pentatónica/blues. No toma mucho trabajo alterar sólo una o dos notas en tu solo para resaltar la armonía y crear tus propios pequeños momentos de magia.

Las ideas que contiene este libro deberían ser vistas como "la guinda del pastel". Deberían ser usadas con sutileza y *en momentos específicos* para dirigir la atención de los oyentes hacia ciertas notas y para expresar diferentes sentimientos. Cuando se exagera su uso, pueden hacer que un solo suene forzado y planeado de antemano.

Es probable que más del 60% de tus solos de blues aún estén basados en la escala pentatónica/blues, ya que estas escalas representan el vocabulario tradicional del blues. Sin embargo, con un uso moderado de las técnicas melódicas de este libro progresarás rápidamente, mucho más allá que cualquier persona con la que compartas un escenario.

Recuerda...el ritmo, el fraseo y la sensación siempre vienen primero. Si aún no has echado un vistazo al libro 2 de esta serie, te recomiendo encarecidamente que lo hagas, ya que se enfoca exclusivamente en el ritmo, sensación y fraseo de tu solo.

Como siempre, ¡diviértete y buena suerte!

Joseph

Obtén el audio

Los archivos de audio de este libro están disponibles para descarga gratuita en **www.fundamental-changes. com** y el link está en la esquina superior derecha. Sencillamente selecciona el libro con este título en el menú desplegable y sigue las instrucciones para conseguir el audio.

Te recomendamos que descargues los audios directamente en tu computadora y no en tu Tablet, y los extraigas allí antes de agregarlos a tu biblioteca multimedia. Luego puedes ponerlos en tu Tablet, iPod o grabarlo en un CD. En la página de descarga hay un archivo PDF de ayuda, y también te proporcionamos soporte técnico a través del formulario de contacto.

Kindle/eReaders

Para sacar el mayor provecho de este libro, recuerda que puedes hacer doble clic en cualquier imagen para agrandarla. Apaga la "vista en columna" y mantén tu Kindle en formato horizontal.

Sé social

FB: FundamentalChanges InGuitar

Instagram: FundamentalChanges

Para ver más de 350 lecciones gratuitas de guitarra con video, echa un vistazo a

www.fundamental-changes.com

Primera parte – Articulación de acordes: cómo tocar los cambios

Capítulo 1 – Esbozando el movimiento del acorde I al acorde IV

Hasta este momento, en esta serie de libros estuvimos realizando solos sobre la progresión del blues de 12 compases usando exclusivamente la escala pentatónica menor. De ahora en más, prestaremos mucha más atención a las notas que están en cada *acorde individual* de la progresión y ajustaremos ligeramente nuestro enfoque de los solos para cada uno. Apuntándole a las notas específicas contenidas en cada acorde, saldremos de la "caja" de la interpretación de la menor pentatónica y le daremos a nuestros solos de guitarra blues emoción, articulación y algunas opciones de notas que suenan genial.

Continuaremos con nuestro estudio del blues en la tonalidad de A y empezaremos por examinar el primer cambio de acordes significativo en la progresión de blues. Este cambio de acorde es del acorde I (A7) al acorde (D7) y se lleva a cabo en el compás 5.

Para refrescar tu memoria, aquí tienes la progresión del blues de 12 compases en la tonalidad de A:

A pesar de que a menudo existe un cambio de A7 a D7 en los primeros dos compases de la progresión de blues, el punto en donde el oyente realmente *siente* por primera vez el cambio hacia el acorde IV (D7) es el compás cinco.

Prestemos especial atención a las notas reales contenidas en los acordes de A7 y D7, y más específicamente a *cómo se mueven estas notas* cuando los acordes cambian. Con este conocimiento en mente, usaremos nuestro solo para apuntarle a las notas que están alteradas para resaltar melódicamente los cambios sutiles en la armonía.

Este concepto se puede ver en el siguiente diagrama:

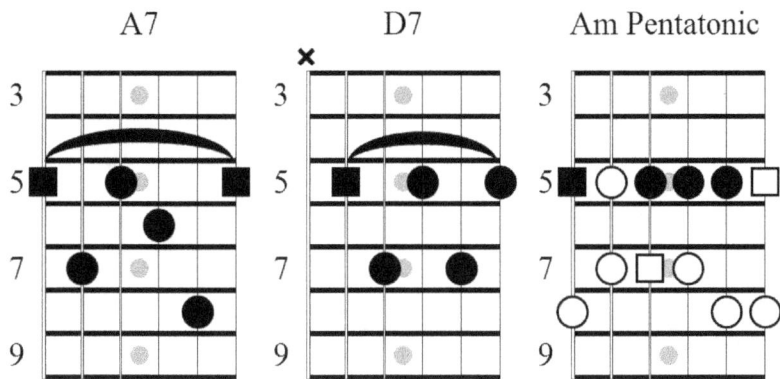

A7   D7   Am Pentatonic

Compara las notas en el diagrama de A7 con las notas en el diagrama de D7. Presta especial atención a lo siguiente:

1) En el acorde de A7, la nota tocada en la tercera cuerda, sexto traste (C#) *desciende* por un semitono para convertirse en C en el quinto traste del acorde D7.

2) En el acorde A7, la nota en la segunda cuerda, octavo traste (G) desciende por un semitono para convertirse en el séptimo traste del acorde D7 (F#).

3) Por último, observa el diagrama de la escala pentatónica menor. Nota que la escala **no contiene la nota F#** mencionada en el punto 2.

Las notas que están cambiando entre los acordes A7 y D7 se denominan *tonos guía* y constituyen el secreto para esbozar de manera melódica cualquier cambio de acorde en un solo.

Me gusta mantener la teoría al mínimo pero, para una comprensión más amplia de este tema, es importante saber que los tonos guía son siempre el 3er y 7mo intervalos de *todos* los acordes. La 3ra y la 7ma de un acorde son las notas que definen al acorde. Incluso son mucho más importantes que la fundamental cuando se trata de la descripción del carácter del sonido del acorde.

Desafortunadamente, no tengo el espacio suficiente para una discusión detallada sobre la teoría musical aquí; por lo que podrías desear leer mi libro, ***Guía práctica de la teoría musical moderna para guitarristas***, para obtener una mayor comprensión de la construcción de acordes, tonos guía y arpegios.

Como explicación breve: para esbozar o "describir de manera musical" un acorde en un solo, podemos tocar algunas de sus notas de arpegio (un arpegio simplemente consiste en las notas de un acorde siendo tocadas una a la vez), pero las notas más poderosas y descriptivas para focalizar son siempre la 3ra y la 7ma.

Las notas en el acorde y el arpegio de A7 son:

1 A

3 C#

5 E

b7 G

de manera que las notas más fuertes para focalizar en A7 son la C# y la G (3 y b7).

Las notas contenidas en el acorde y el arpegio de D7 son:

1 D

3 F#

5 A

b7 C

de manera que las notas más fuertes para focalizar en D7 son F# y C.

Mientras que la 3ra y la 7ma del acorde son las notas más fuertes para focalizar, cualquier tono de arpegio tocado en el momento indicado ayudará a definir el cambio de acorde.

Sin embargo, lo que realmente nos interesa es qué notas están *cambiando* cuando los acordes cambian.

Hasta este momento, cuando tocabas un solo de blues, probablemente estabas usando solo la escala pentatónica menor de A para realizar un solo sobre el acorde D7. No hay absolutamente nada de malo con esto; es bastante sencillo hacer que suene genial, pero echemos un vistazo más profundo y comparemos las notas del acorde D7 con las notas de la escala pentatónica menor de A:

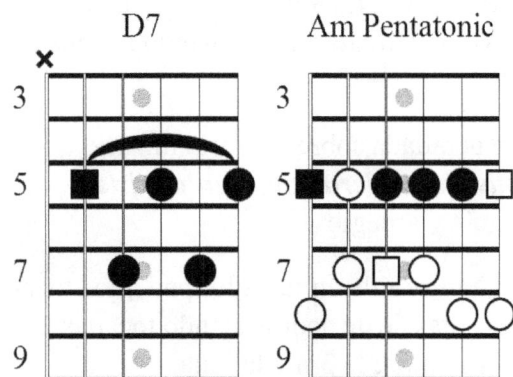

Echa nuevamente un vistazo a las notas de la 2da cuerda. Podrás ver que el acorde D7 contiene una nota en el 7mo traste (F#), pero la escala pentatónica menor no contiene esa nota; y en vez de esto contiene una nota en la 2da cuerda, *8vo traste* (G).

Sin embargo, la G *estaba* contenida en el acorde A7 – es el tono guía b7 importante.

La F# (3ra del acorde D7) es un tono guía importante en el acorde de D7 (es el 3ro) y es esencial al momento de definir el sonido D7.

Si queremos esbozar el acorde de D7 en nuestro solo, simplemente focalizamos este tono guía.

Cuando dejamos caer la nota G por un semitono para focalizar la F# a medida que el acorde cambia a D7, introducimos una nueva nota al solo y también esbozamos el acorde D7.

Primero escucha y luego toca la siguiente línea junto con la *pista de acompañamiento 1.*

Ejemplo 1a:

Puedes practicar todas las ideas de este capítulo con la *pista de acompañamiento 1.*

Nota cómo la última nota en el compás 3 desciende por un semitono para "aterrizar" en la F# y cómo esta elección de notas intencional resalta y refuerza el sonido D7.

Este tipo de movimiento melódico es tan fuerte que hasta puedes "forzar" a tu oyente a escuchar el cambio de acorde cuando no haya una banda o pista de acompañamiento sonando. Prueba tocar el lick sin acompañamiento y ve si puedes engañar a tus oídos para que escuchen el cambio de acorde.

Este tipo de focalización es una herramienta poderosa y aprendiendo cómo usar esta técnica sobre *cualquier* cambio de acorde podemos crear solos emotivos y articulados.

El motivo por el cual este sonido es tan fuerte es que, hasta este momento, no habíamos escuchado la nota F# en la melodía.

También ten en cuenta que, mientras que toquemos la 3ra del acorde D7 cuando el acorde cambia, no hay motivo para abordar esta nota desde arriba. Esto se muestra en el **ejemplo 1b:**

En el ejemplo 1b, focalizamos la 3ra del acorde D7 con un deslizamiento desde abajo.

Aquí tienes algunas líneas más para ayudarte a comenzar a focalizar la 3ra del acorde D7 en la 2da cuerda:

Ejemplo 1c:

Ejemplo 1d:

En el ejemplo 1d, retraso tocar la F# hasta más adelante en el compás. Usar este tipo de espacio presta un poco más de sutileza que tocar el tono guía en el primer tiempo del compás.

La 3ra de D7 también puede ser focalizada en la octava *más baja*. Esto es un poco más difícil de ver, pero si examinamos los *arpegios* de A7 y D7, se hace más evidente cómo podemos articular este cambio.

Recuerda, un arpegio sencillamente consiste en las notas de un acorde siendo tocadas en una secuencia. Aquí tienes los arpegios para A7 y D7:

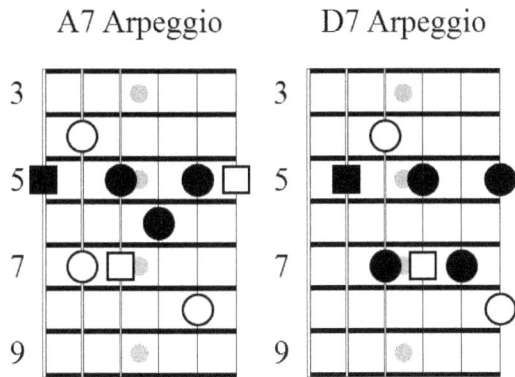

A7 Arpeggio   D7 Arpeggio

Esta vez, echa un vistazo a la nota en la 4ta cuerda, 5to traste en el acorde A7 y nota cómo cae en la 4ta cuerda, 4to traste en el acorde D7. Este es exactamente el mismo movimiento que estábamos haciendo anteriormente. Sin embargo, esta vez estamos tocando el cambio en una octava más baja.

Aquí tienes una idea sencilla para resaltar este cambio en la octava más baja:

Ejemplo 1e:

Como con el ejemplo 1a, el ejemplo 1e aterriza directamente en la 3ra mayor del D7 en el tiempo 1. Ve cuántas formas distintas puedes encontrar para focalizar la 3ra mientras el acorde cambia a D7.

Aterrizar en una nota objetivo en el tiempo 1, e inmediatamente frenar la línea melódica puede, a menudo, sonar un poco obvio. Las siguientes ideas construyen un "impulso melódico" a lo largo del cambio de acorde. Verás que, una vez que hayas focalizado la 3ra de D7, será sencillo continuar con una idea de pentatónica menor de A sobre el acorde D7.

Ejemplo 1f:

Ejemplo 1g:

Ejemplo 1h:

En el ejemplo 1h, aplico bend sobre la 3ra *menor* de D7 (F) por un semitono hacia arriba, hacia la F#. Podrías visualizar esta idea como si estuvieras usando la pentatónica menor de D sobre el acorde D7 y agregaras un bend de estilo blues, de la misma manera en que lo harías cuando usas una escala pentatónica menor de A sobre el acorde A7. Este concepto se discutió en profundidad en el libro 2.

Focalizar la 3ra mayor mientras el acorde cambia a D7 es una idea melódica muy fuerte porque mantiene la melodía de nuestro solo alineada estrechamente con el acompañamiento armónico (acorde). Definitivamente puede usarse de forma exagerada, así que úsalo con moderación.

La 3ra mayor no es el único tono de acorde que se mueve por un semitono entre A7 y D7. Observa una vez más los arpegios de A7 y D7:

A7 Arpeggio   D7 Arpeggio

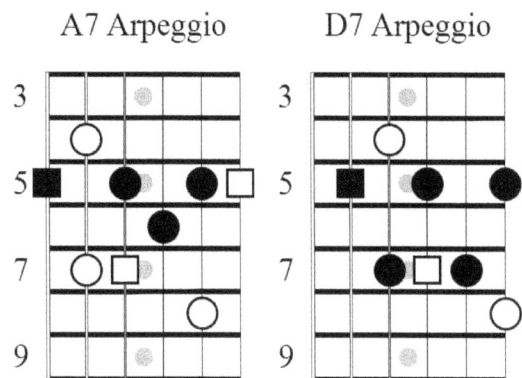

Esta vez, echa un vistazo a la 3ra cuerda, 6to traste (C#) en el acorde A7. ¿Puedes ver que el punto coloreado cae por un semitono a la 3ra cuerda, 5to traste (C) en el acorde D7?

La C# es la "3ra mayor" del acorde A7 y cae por un semitono en la natural C del acorde D7.

Puede que pienses que, debido a que la nota C# no se produce en la escala pentatónica menor de A, nunca la tocas sobre el acorde A7. Sin embargo, probablemente insinúes la C# todo el tiempo, posiblemente sin saberlo.

Aquí tienes una pequeña sección de la ***Guía completa para tocar guitarra blues - Libro 2: Fraseo melódico***, en donde hablo de manera exhaustiva sobre la aplicación de bends sobre la b3 de la escala pentatónica menor levemente hacia la 3ra mayor del acorde A7:

"Puede que recuerdes del libro 1 que los acordes tocados en la parte de la guitarra rítmica de un blues normalmente son de séptima dominante. Estos acordes son un tipo especial de acorde mayor y contienen una 3ra mayor que define el sonido mayor o "feliz". La escala que hemos estado utilizando para crear nuestras líneas melódicas es la escala pentatónica menor. Esta contiene un intervalo de b3 (3 bemol) que define su sonido menor o "triste". Esto se puede visualizar claramente en la guitarra cuando ves un acorde de séptima dominante junto a la escala pentatónica menor.

A7   Am Pentatonic

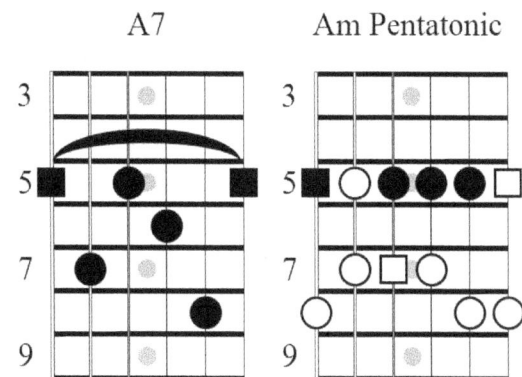

Observa la nota sobre la 3ra cuerda, 6to traste en el diagrama de A7. Nota que esto es distinto de la nota en la escala pentatónica menor de A en la 3ra cuerda, 5to traste. Estas dos notas, que están a un semitono de distancia (C# y C), tenderán a chocar y muchos músicos clásicos dirían que esto es indeseable. Ciertamente no es el mejor sonido si solo te "apoyas" sobre la 3ra menor y no manipulas la nota en ninguna forma. Puedes escuchar una b3 contra la 3ra mayor en el *ejemplo 1i*:

Ejemplo 1i:

```
A7
12/8    |  1                                          |  2
TAB      5        5        5        5        5        5        5        5
```

Como podrás escuchar, ¡este no es el mejor sonido del mundo!

La respuesta a este problema es aplicar un pequeño bend a la 3ra menor (C) hacia arriba, hacia la 3ra mayor (C#).

Para lograr esto, usa tu dedo índice para aplicar bend sobre la cuerda en dirección al suelo, elevando su tono levemente. Normalmente, yo pongo mi pulgar sobre la parte superior del diapasón para proporcionar fuerza, influencia y apoyo.

Cuando agregamos bends al ejercicio anterior, podríamos obtener una idea del sonido de guitarra blues. No te preocupes demasiado si no tienes la suficiente fuerza en tu dedo índice para aplicar el bend todo el camino hasta C#. A menudo, de todas maneras, cuando apliquemos bend sobre esta nota no presionaremos la C hasta llevarla hasta C#. Puedes divertirte mucho viendo cuántos micro tonos distintos puedes encontrar entre la b3 y la 3ra mayor.

Escucha atentamente el *ejercicio 1j*, que demuestra el bend siendo aplicado sobre la 3ra menor, hacia arriba, hasta la 3ra mayor.

Ejemplo 1j:

```
A7
12/8    |  1                                          |  2
             ½     ½      ½      ½      ½       ½      ½      ½      ½
TAB      5        5      5      5              5      5      5      5
```

*Ahora compara el ejemplo 1i con el **ejemplo 1k**, donde no necesariamente haremos todo el camino hasta llegar C#.*

Es bueno ser conscientes de que podemos simplemente darle un pequeño empujón a la 3ra menor hacia el territorio de la 3ra mayor. Cuando aplicamos bend levemente sobre una nota de esta forma, a menudo se denomina "rizo" (curl)".

Este tipo de bend se vuelve natural rápidamente, y a menudo te encontrarás dándole a C un pequeño rizo hacia la C# de manera inconsciente.

En los ejemplos siguientes no estaremos utilizando rizos, sino que tocaremos la nota C# misma sobre el A7 y la moveremos hacia abajo por pasos hasta la C natural en el D7. Esto sucede de esa manera para que puedas escuchar fácilmente la fuerza del movimiento melódico. Más adelante, podrías desear explorar esta misma idea, pero usando bends y rizos.

Aquí tienes un lick simple que demuestra la 3ra mayor de A7 cayendo hasta la b7 de D7.

Ejemplo 1l:

Podrías sentir que la fuerza del movimiento melódico al focalizar la b7 es un poco más sutil que cuando focalizamos la 3ra. Puede haber muchas razones por las que esto suceda pero, en mi opinión, se debe a que normalmente ya habrás escuchado la nota b7 (C) en el solo con anterioridad, ya que está contenida en la escala pentatónica menor de A.

Cuando focalizamos la 3ra de D7 (F#), estábamos introduciendo una nota completamente nueva, de manera que tenía un poco más de potencial para llamar la atención.

De nuevo, estas notas objetivo suenan más sutiles si están contenidas dentro de una línea o lick completos. Aquí tienes algunos ejemplos para que comiences.

Ejemplo 1m:

Ejemplo 1n:

Ejemplo 1o:

En el lick final (ejemplo 1o), yo no abordo la C natural desde la C#. Esto sucede para demostrar que, mientras la C natural sea una de las primeras notas que toques en el nuevo compás, esto siempre dará un efecto de articulación del cambio de acorde.

De manera similar, en el ejemplo 1d, también deberías experimentar dejando espacio al comienzo del compás.

Definitivamente no necesitas tocar el tono guía en el tiempo 1 del compás.

Ahora que ya tienes este sonido en tu cabeza, es importante que aprendas a tocar estos cambios en otras octavas.

En esta posición, existen dos ubicaciones más en donde puedes focalizar la b7 del acorde D7: la 1ra cuerda y la 5ta cuerda.

Aquí tienes algunas líneas que te ayudarán a comprender estas posiciones.

Ejemplo 1p:

Focalizar la b7 de D7 en la octava más alta.

Ejemplo 1q:

Focalizar la b7 de D7 en la octava más baja.

Pasa un tiempo inventando tus propias líneas con cada una de las notas objetivo.

Capítulo 2 – Esbozando el movimiento del acorde IV al acorde I

Hemos aprendido que, a medida que nos movemos desde el acorde I al acorde IV, *la 3ra del acorde I (A7) siempre puede caer por un semitono hasta la b7 del acorde IV*. También es cierto que la b7 del acorde I siempre caerá por un semitono hasta la 3ra del acorde IV.

Sencillamente esbozando este movimiento en nuestra interpretación podremos agregar gran interés y emoción a nuestros solos.

En términos muy sencillos: podemos focalizar la nota que cambia en cada acorde para alinear nuestro solo con la armonía.

Cuando el acorde cambia de D7 de vuelta hasta A7 en el compás 7 de la forma de blues, podemos usar la información que ya conocemos para esbozar el acorde A7. Sólo tenemos que invertir el proceso.

Cuando cambiamos de D7 de vuelta hasta A7 (del acorde IV de nuevo al acorde I):

1) La 3ra del acorde IV (D7) se elevará por un semitono hasta convertirse en la b7 de A7.

2) La b7 de D7 se elevará por un semitono hasta convertirse en la 3ra de A7.

D7 Arpeggio   A7 Arpeggio

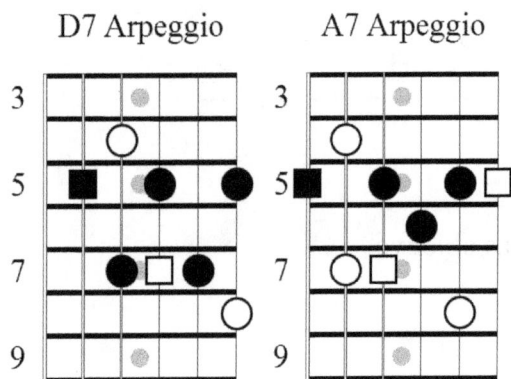

La 3ra de D7 (F#) está ubicada en la 4ta cuerda, 4to traste (y en la 2da cuerda, 7mo traste).

La b7 de D7 (C) está ubicada en la 3ra cuerda, 5to traste (y en la 1ra cuerda, 8vo traste).

El siguiente ejemplo demuestra el movimiento de la b7 de D7 hasta la 3ra de A7:

Ejemplo 2a:

El ejemplo 2a resalta una línea típica que utiliza la escala pentatónica menor de A en el acorde D7, pero luego focaliza la 3ra del acorde A7.

Todas las líneas de este capítulo pueden ser practicadas junto con la *pista de acompa*ñamiento 2.

Ejemplo 2b:

El ejemplo 2b consiste en una idea similar, pero esta vez al "rebotar" la 3ra de A7, creo un poco de movimiento hacia adelante en mi solo.

Ejemplo 2c:

El ejemplo 2c demuestra que, en vez de aterrizar de manera explícita sobre la 3ra mayor del acorde A7, podemos focalizar el cambio de acorde con un bend para utilizar un enfoque un poco más sutil.

Ejemplo 2d:

Ejemplo 2e:

La línea en el ejemplo 2d le agrega mucho impulso al solo sobre el cambio de acorde usando una combinación de la 3ra focalizada (C#) y la escala pentatónica menor de A. Nota que realizo un deslizamiento hacia la octava más baja de la 3ra en la nota final (5ta cuerda, 4to traste).

Ejemplo 2e:

Este ejemplo final de focalización de C# demuestra que no tienes que abordar la nota objetivo "de a pasos". Aquí la melodía salta de la 3ra de A7 de la 2da cuerda antes de continuar con la línea.

Cuando tengas el sonido de estas líneas en tus oídos, prueba focalizando las C#s en las octavas bajas y altas, a medida que cambian los acordes. Puedes hacer esto en la 5ta y 1ra cuerdas.

Ahora, focalicemos la b7 de A7 mientras cambian los acordes. Este es un efecto genial pero es un poco más sutil, porque probablemente ya hayas oído la nota de b7 en el compás anterior.

Las líneas siguientes muestran formas de focalizar la b7 del acorde A7.

Ejemplo 2f:

En el ejemplo 2f, abordo la 3ra mayor del acorde D7 en el tiempo 4 y luego toco la b7 de A7 en el tiempo 1 del segundo compás. La línea continúa y focaliza la 3ra de A7 con un bend de semitono antes de reposar sobre la fundamental.

Ejemplo 2g:

El ejemplo 2g focaliza la b7 del acorde A7 en la octava mayor en la 2da cuerda. La nota final del compás 1 es la 3ra de D7, que se resuelve hacia arriba por pasos, hasta la b7 de A7.

Ejemplo 2h:

El ejemplo 2h es una figura que se repite, que focaliza la 3ra de D7 usando bends en el compás 1 antes de tocar la octava mayor de la nota b7 en el compás 2.

Ejemplo 2i:

El ejemplo 2i tiene un estilo más de jazz e incluye un salto de la b7 a la 3ra en A7.

Ejemplo 2j:

El ejemplo 2j comienza con un bend que usa el modo *mixolidio* de D y focaliza la b7 de A7 con otro bend desde la 3ra de D7 en la octava mayor. Discutiremos el modo mixolidio en un capítulo posterior.

Como siempre, estas ideas son solo para darte una idea de lo que es posible con las notas objetivo. Obtendrás el mayor beneficio musical inmediato si memorizas algunas de estas ideas y luego las incorporas a tus propias improvisaciones espontáneas.

Prueba llevando estas ideas a tu interpretación mientras estés improvisando con la *pista de acompañamiento 1*. Una vez que hayas aprendido el movimiento sobre el diapasón, intenta olvidar la teoría y piensa en estas líneas como formas y sonidos.

Es útil tocar estas ideas en otras tonalidades. Prueba moviendo estos licks a las tonalidades de E, C y G.

Capítulo 3 – Esbozando el movimiento del acorde I al acorde V

El acorde V (E7 en la tonalidad de A) es uno de los acordes más importantes de la progresión del blues de 12 compases. Aquí es donde se produce la mayoría de la tensión de la secuencia, y focalizar el cambio de acorde aquí es una de las formas más efectivas y comúnmente usadas para agregar potencia e interés a cualquier solo de blues.

Existen muchas formas de articular el tan importante acorde V. Discutiremos diversas opciones de escala en la segunda parte de este libro pero, por ahora, nos enfocaremos de nuevo en la focalización de los tonos de acordes del acorde E7 para esbozar este importante cambio armónico.

Aquí tienes los dos métodos principales para focalizar el cambio de acorde.

1) Mantenerse en la misma posición en el diapasón e introducir una nueva forma de arpegio; y

2) Cambiar de posición en el diapasón y trasladar el patrón de arpegio de D7 por un tono hacia arriba.

Mientras que la segunda opción es ciertamente más sencilla, la primera opción demuestra más claramente cómo las notas objetivo cambian entre A7 y E7.

Aquí tienes las formas de acorde de A7 y E7 escritas junto a la escala pentatónica menor de A:

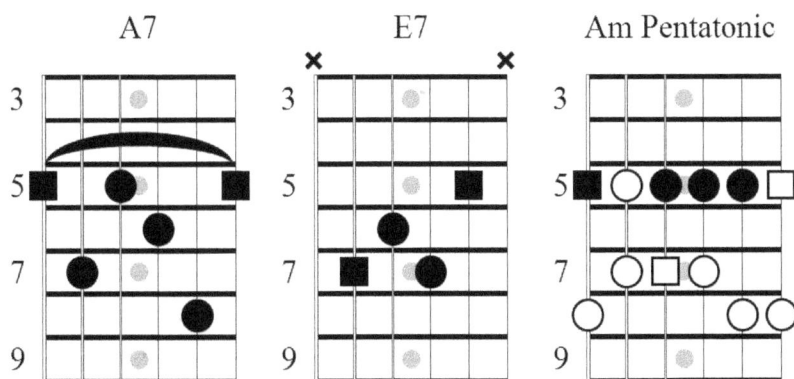

Es sencillo ver que una nueva nota ha sido introducida. Esta nota es la 3ra del acorde E7 (G#) y está ubicada en la 4ta cuerda, 6to traste. La octava más alta de esta nota se toca en la 1ra cuerda, 4to traste.

Hay otra nueva nota que se introduce durante este cambio de acorde, pero no se muestra en este diagrama porque no se toca en este voicing del acorde E7. Puede ser visto más fácilmente cuando comparamos los arpegios de estas dos formas de acorde:

A7 Arpeggio   E7 Arpeggio   Am Pentatonic

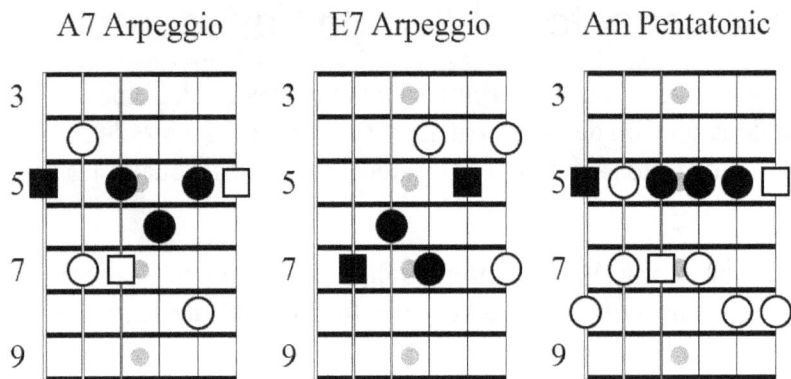

Podrás ver que la nueva nota introducida es la nota "B". Se puede tocar en la 3ra cuerda, 4to traste y en la 1ra cuerda, 7mo traste. Cuando comparas el arpegio E7 con las notas del arpegio A7 y en la escala pentatónica menor de A, notarás que esta nota no se ha tocado anteriormente.

La nota B es la *5ta* del acorde E7 y, mientras que no se trata estrictamente de un tono guía, el hecho de que esta nota no haya sido focalizada anteriormente en nuestro solo la convierte en una nota muy fuerte para tocar sobre el acorde E7.

Por último, *podemos* focalizar la b7 del acorde E7 (D) aunque, debido a que esta es la fundamental del acorde D7, algunas veces puede sonar un poco débil en este contexto.

Las líneas siguientes para el cambio de acorde de A7 a E7 focalizan la 3ra del acorde E7.

Ejemplo 3a:

Ejemplo 3b:

El ejemplo 3b focaliza la 3ra de E7 (G#) en la octava más alta y luego lleva un poco más de impulso a través del cambio de acorde.

Puedes practicar todas las ideas de este capítulo con la *pista de acompañamiento 3,* un ciclo de:

Usar ritmos más interesantes como se muestra en el ejemplo 3c ayuda a agregar un poco de sutileza a la línea:

Ejemplo 3c:

Ejemplo 3d:

Ejemplo 3e:

El ejemplo 3e agrega un bend con estilo de blues a la línea del acorde de E7.

Los siguientes ejemplos focalizan la 5ta (B) del acorde de E7.

Ejemplo 3f:

Ejemplo 3g:

El ejemplo 3g combina el arpegio E7 con la escala mixolidia de E y también la escala pentatónica menor de A en el compás 2.

Ejemplo 3h:

Luego de focalizar la B del acorde E7, el sonido de E7 se refuerza descendiendo a través del arpegio de E7 completo.

Ejemplo 3i:

En el ejemplo 3i yo demuestro que, pensando en los acordes de manera individual, puedes terminar tocando notas que podrían no habérsete ocurrido si tomabas un enfoque puramente pentatónico menor.

En prácticamente todos los demás momentos de la progresión del blues de 12 compases, la nota a la que se aplicó bend en el compás 2 sonará horrible. Tocándola en el momento exacto (focalizando la 3ra del acorde E7), podemos darle a nuestros solos un gran interés melódico y sorpresa.

Ejemplo 3j:

De nuevo, en el ejemplo 3j hay una nota a la que se le aplicó bend que podría sonar un poco extraña en otros momentos de la progresión. Esta vez, estoy aplicando bend desde la b5 hasta la 5 en el E7.

Los ejemplos siguientes focalizan la b7 (D) del acorde E7.

Como he mencionado anteriormente, focalizar la D del acorde E7 algunas veces puede resultar un poco débil, porque es la nota fundamental del acorde siguiente. Para poner énfasis en el cambio, a menudo tocaré una nota C# sobre el acorde de A (la 3rd), la cual el oyente escuchará que se está moviendo hacia la D. Esto funciona muchísimo mejor en las octavas más altas.

Ejemplo 3k:

Ejemplo 3l:

Ejemplo 3m:

Las ideas anteriores son muy útiles para focalizar las notas más fuertes en el cambio de acorde de E7, pero existe una gran manera de "reciclar" el material melódico que ya conoces. Como he mencionado en la introducción de este capítulo, podemos usar las ideas que teníamos para el acorde IV (D7) y sencillamente moverlas hacia arriba por un tono, hasta E7.

Esto puede ser visto de forma clara cuando comparamos los diagramas de los acordes para E7 y D7:

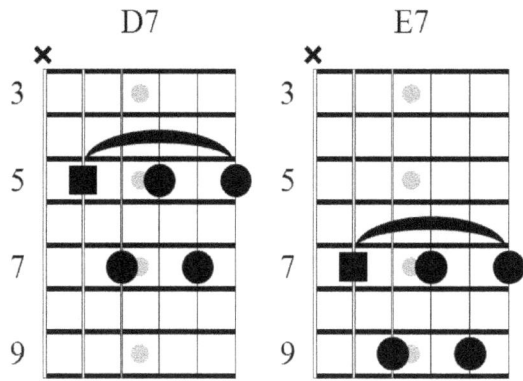

Las siguientes líneas muestran formas de cambiar de posición en el mástil de la guitarra mientras se esboza fácilmente el acorde E7, de manera similar al E7.

Ejemplo 3n:

Ejemplo 3o:

Ejemplo 3p:

Esta técnica alcanza todo su potencial cuando tocamos el cambio de V a IV (E7 a D7) en los compases 9-10 porque podemos simplemente tomar un lick E7 y moverlo hacia abajo por un tono, hasta que se convierta en una línea de D7. Hasta podemos ponernos insolentes y agregar un poco de movimiento cromático entre los acordes.

Capítulo 4 - Esbozando el movimiento del acorde V al acorde IV

El movimiento entre el acorde V (E7) y el acorde IV (D7) es el punto armónico más fuerte de la progresión de blues. El acorde V desciende por un tono para convertirse en el IV, y este movimiento descendente puede ser esbozado sencillamente en nuestro solo utilizando tonos guía y secuencias.

Comenzaremos observando algunas líneas de solo que abordan la interpretación del cambio de acorde de V a IV usando el *mismo* arpegio. En otras palabras, *cambiaremos nuestra posición en el diapasón a medida que cambian los acordes.*

Cuando cambiamos de posiciones de esta manera, resulta muy sencillo formar secuencias melódicas fuertes repitiendo frases y patrones.

Las siguientes ideas se mueven entre los acordes V y IV deslizándose hacia abajo sobre el mástil de la guitarra:

Todas las líneas de este capítulo pueden practicarse junto con la *pista de acompañamiento 4.*

Ejemplo 4a:

Ejemplo 4b:

Ejemplo 4c:

Ejemplo 4d:

El cambio de acorde desde V a IV solo se produce normalmente una vez en una progresión de acordes de blues, de manera que estas ideas pueden ser complicadas a la hora de practicar. Para ayudarte, la *pista de acompañamiento 8* es una secuencia de acordes de esta sección que se repite, y que te ayudará a trabajar específicamente sobre esta parte de la forma del blues.

Practica tocando estas líneas con la *pista de acompañamiento 8* y experimentando diferentes resoluciones posibles del acorde IV (D7) al acorde I (A7).

Prueba escribiendo tus propios licks que se muevan entre los acordes E7 y D7 usando los ejemplos anteriores como guía.

Utilizar las formas móviles de esta manera es extremadamente útil, pero también es muy importante dominar estos cambios de acorde *sin* mover la posición de tu mano, como aprendimos en secciones anteriores. Para comenzar, echemos un vistazo a la forma en que los acordes y arpegios de E7 y D7 se comparan cuando se tocan en la misma posición del mástil:

E7   D7

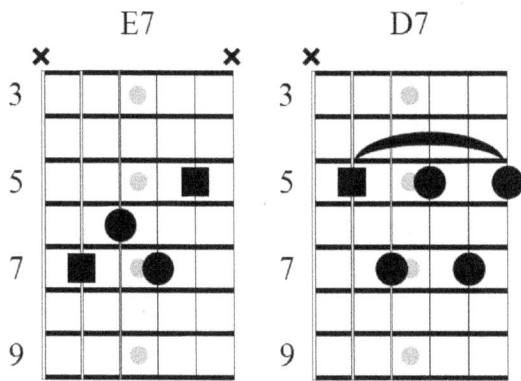

Uno de los cambios de nota importantes que se producen entre estos dos acordes puede verse claramente sólo en los diagramas de acordes:

La 3ra de E7 (G#) se eleva por un semitono hasta convertirse en la 5ta (A) del acorde de D7.

Esto demuestra que, aunque los acordes podrían estar descendiendo de manera armónica, las notas entre los acordes aún pueden elevarse.

Para ver cómo las otras notas objetivo importantes cambian, debemos analizar un poco más profundamente los arpegios completos para cada acorde:

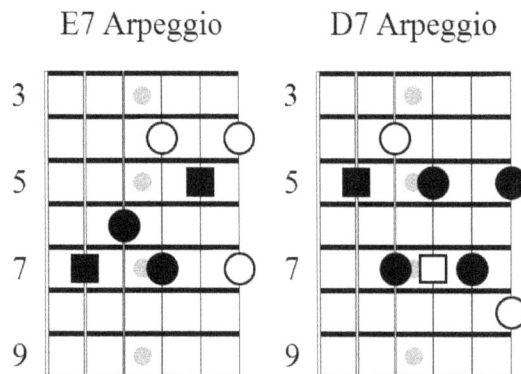

E7 Arpeggio   D7 Arpeggio

En la 3ra cuerda, 4to traste, puedes ver que la 5ta del acorde E7 (B) se eleva por un semitono hasta convertirse en el b7 del acorde de D7 (C).

La fundamental del acorde de E (E), 2da cuerda, 5to traste puede ser vista como si estuviera moviéndose en una de dos formas. Por un lado, podría ser vista descendiendo por un tono hasta convertirse en la fundamental del acorde de D7 o, *por otra parte*, podría ser vista *ascendiendo* por un tono hasta convertirse en la 3ra del acorde de D7 (F#). El último es un movimiento mucho más interesante, porque se mueve en dirección contraria a la de la armonía subyacente.

Los siguientes ejemplos toman cada una de las notas objetivo a su vez y te ofrecen líneas para resaltar las fortalezas de cada elección de nota en particular.

Ejemplo 4e:

El ejemplo 4e hace énfasis sobre el sonido de D7 con una línea que se basa en el arpegio del compás 2.

Ejemplo 4f:

Una vez más, el ejemplo 4f focaliza la F# y utiliza la escala pentatónica menor de A en el compás 2.

Ejemplo 4g:

El ejemplo 4g utiliza una nota con enfoque cromático (de paso) para focalizar la F# en el acorde D7.

Ejemplo 4h:

En el ejemplo 4h, esta es una nota de paso descendente hacia la octava más baja de F# en el acorde D7.

Focalizando la 5ta de D7 (A)

Ejemplo 4i:

En el ejemplo 4i, yo focalizo la 5ta del acorde D7 con otra nota de aproximación cromática.

Ejemplo 4j:

En el ejemplo 4j, la escala pentatónica menor de A es utilizada sobre el acorde de E7. Sin embargo, se le aplicó bend a la nota G por un semitono hacia arriba para focalizar la 3ra de E7 (G#). Una vez más, la 5ta es focalizada en el acorde de D7, pero se le aplicó bend a la b3ra (F) por un semitono para tocar la 3ra mayor (F#) y lograr un sonido de estilo levemente más country.

Ejemplo 4k:

El ejemplo 4k usa una idea de arpegio sobre el acorde E7.

Focalizando la b7 de D7 (C)

Ejemplo 4l:

El ejemplo 4l es una línea rítmicamente sencilla que focaliza la b7 de D7 (C).

Ejemplo 4m:

El ejemplo 4m focaliza la b7 del acorde D7 en la octava más alta.

Ejemplo 4n:

El ejemplo 4n primero focaliza la b7 de D7 y luego la 3ra en el tiempo 2.

Ejemplo 4o:

Por último, el ejemplo 4o es una línea más cargada con un movimiento hacia adelante muy poderoso.

Los enfoques que han sido esbozados en los 4 capítulos anteriores te enseñan cómo focalizar una nota que esté cambiando sobre cualquier cambio de acorde apuntándole a los tonos guía más fuertes en el acorde nuevo, o tocando una nota de arpegio sobre el cambio.

El sistema que te animo a utilizar consiste en lo siguiente:

1) Primero, compara los diagramas de acordes y ve si alguna nota obvia está cambiando.

2) Ahora, escribe los arpegios para cada acorde y observa cómo se están moviendo los tonos guía (3ras y 7mas) que no están incluidos en ninguna digitación en especial.

3) Por último, observa si otras notas de arpegio (la fundamental o 5ta) proporcionan un movimiento fuerte o si pueden introducir nuevas notas en tu solo. Por ejemplo, la 3ra del acorde de D7 (F#) y la 5ta de E7 (B) no están incluidas en la escala pentatónica menor de A.

Usando este proceso siempre podrás descubrir notas interesantes, emotivas e inesperadas para tocar en tu solo. Esto capturará la atención de tu audiencia y los mantendrá conectados musicalmente con tu solo.

Y por último, ¡un "tip pro"! Un efecto musical maravilloso que podemos explotar como guitarristas consiste en *aplicar bend* a la nota objetivo. Por ejemplo, en vez de tocar una línea de A7 a D7 como en este caso…

Ejemplo 4p:

...¿por qué no intentas algo parecido a esto?

Ejemplo 4q:

Al usar un bend para focalizar notas de esta manera logramos agregar algo realmente mágico.

Otra idea para tener en cuenta es la de *retrasar* el punto en que tocas la nota objetivo, algo que puede generar un efecto enorme en el oyente.

Puedes experimentar con todas las ideas de colocación, silencios y técnicas de la ***Guía completa para tocar guitarra blues – Libro 3: Fraseo melódico***. Aquí tienes una idea para comenzar, que se basa en el lick anterior.

Ejemplo 4r:

Simplemente agregando un silencio en el tiempo 1 del compás 2, la resolución retrasada agrega sorpresa y construye un interés y sentimiento en tu solo. Como siempre, nunca te olvides de agregar deslizamientos, bends y vibrato a cada una de las frases.

Capítulo 5 - Cambios de acorde y arpegios en todas las posiciones

Todas las ideas de este libro hasta el momento estuvieron basadas en el área del 5to traste de la guitarra. Esto fue así para mantenernos enfocados en el concepto y sonido de la focalización de las notas de arpegio en tus solos. Sin embargo, ser solamente capaz de tocar estos cambios en una posición del mástil de la guitarra puede limitarte en términos de rango y expresión.

Las páginas siguientes te proporcionan diagramas de acordes y arpegios para estos cambios de acorde en cada una de las 5 posiciones del mástil. Las 3ras y 7mas están marcadas para mostrarte cómo las notas objetivo principales se están moviendo.

Descubrirás muchos movimientos de tonos guía entre acordes e, incorporando estos movimientos a tus solos cuando cambian los acordes, desarrollarás rápidamente un enfoque articulado y melódico del blues.

Posición 1:

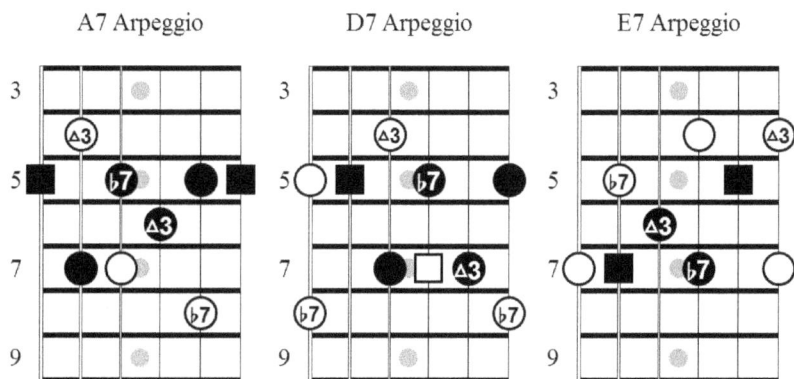

A7 Arpeggio   D7 Arpeggio   E7 Arpeggio

Posición 2:

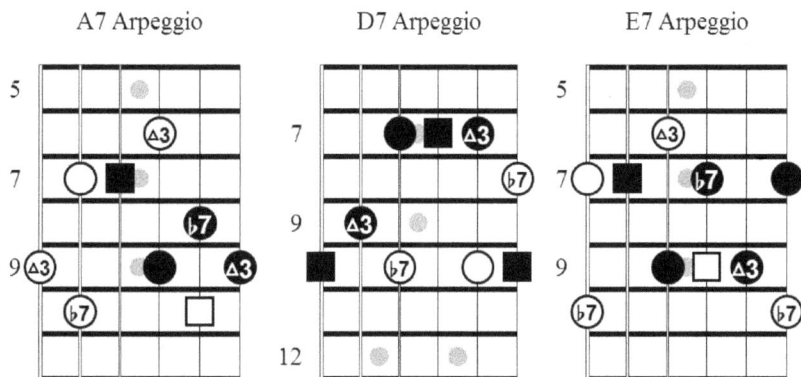

A7 Arpeggio   D7 Arpeggio   E7 Arpeggio

Posición 3:

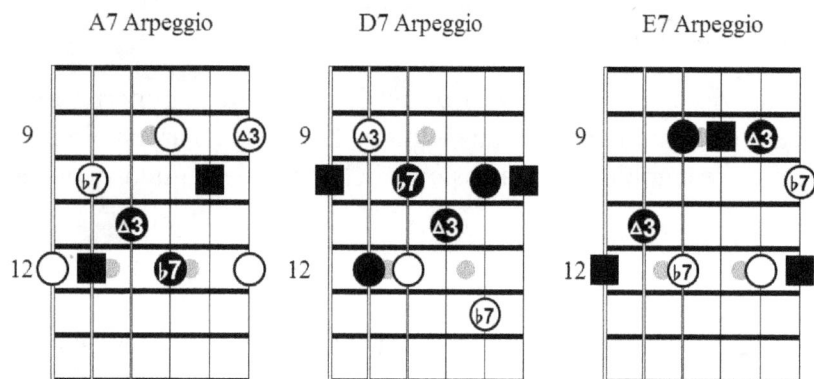

A7 Arpeggio D7 Arpeggio E7 Arpeggio

Posición 4:

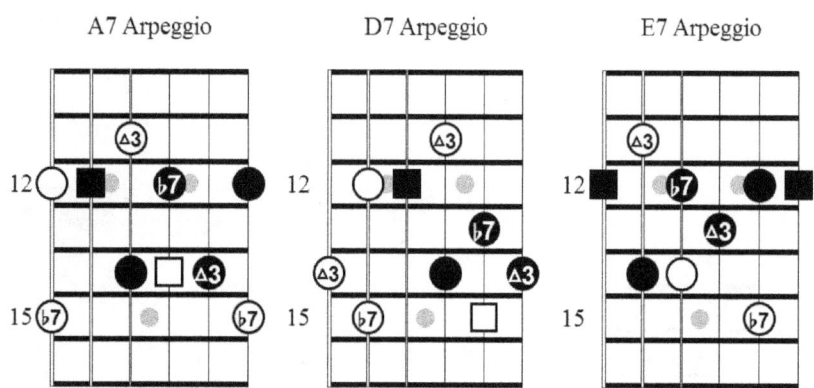

A7 Arpeggio D7 Arpeggio E7 Arpeggio

Posición 5:

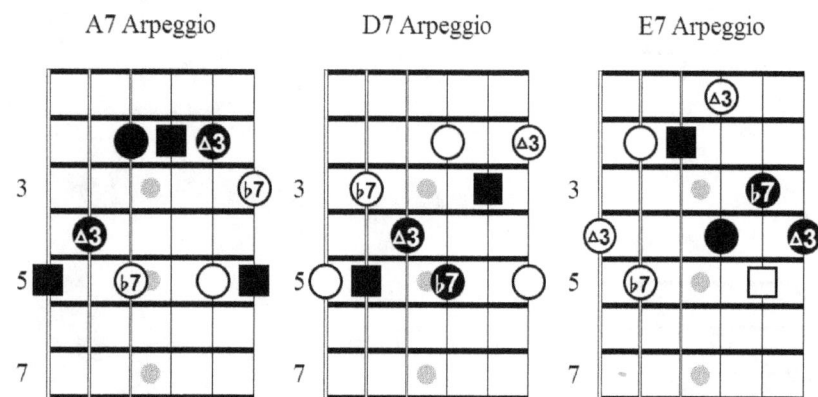

A7 Arpeggio D7 Arpeggio E7 Arpeggio

La idea detrás de los grupos de diagramas anteriores consiste en que los leas de izquierda a derecha para ver cómo cada nota de arpegio cambia entre los acordes I, IV y V en la tonalidad de A. Esto te enseñará cómo focalizar los cambios de nota más cercanos entre cada acorde.

Tenemos algunos ejercicios de arpegios muy útiles que puedes practicar para reafirmar los sonidos y las ubicaciones de las notas que se mueven.

Practica los ejercicios siguientes con la *pista de acompañamiento 9*, una secuencia repetitiva de acordes de:

Elige una de las áreas del mástil de la guitarra de entre los diagramas anteriores. En los siguientes ejemplos, yo estoy utilizando la posición 3.

1) Toca cada arpegio ascendiendo desde la fundamental con 4 notas por compás:

Repite el ejercicio descendiendo desde la fundamental más alta.

2) Toca cada arpegio ascendiendo desde la 3ra:

Repite el ejercicio descendiendo desde la 3ra de octava más alta.

3) Repite el ejercicio anterior comenzando desde la 5ta y la b7ma de cada acorde.

4) Esta vez, asciende el primer arpegio desde la fundamental pero *focaliza la nota más cercana en el acorde siguiente* cuando los acordes cambien:

Puedes viajar en cualquier dirección o forma de patrones, siempre y cuando toques una nueva nota de arpegio con cada cambio. Ve cómo puedes seguir tocando este ejercicio sin cometer un error. Explora cada posición completamente.

5) Repite el ejercicio anterior, pero comienza desde la 3ra, 5ta o b7 del acorde de A7.

6) Limita tu interpretación a sólo dos o tres cuerdas y toca los mismos ejercicios:

7) Toca todos los ejercicios anteriores en corcheas en vez de negras.

8) Por último, combina estos ejercicios con ideas cortas de pentatónica menor de A y focaliza notas de arpegio cuando los acordes cambien para obtener un enfoque mucho más musical y con más estilo de blues:

Toca estos ejercicios en todas las posiciones y pronto podrás ver, sentir y oír los cambios de arpegio sin tener que pensar en ello.

Como puedes ver en el último ejemplo, estos ejercicios de arpegios realmente cobran vida cuando las notas objetivo se mezclan con licks de pentatónica menor. Trabajar regularmente con los 8 ejercicios anteriores mejorará tu interpretación muy rápidamente.

Segunda parte – Esquemas de escalas y solos

Capítulo 6 –Opciones de escala para el acorde I

La escala pentatónica mayor

La primera parte de este libro trataba con el concepto de la articulación de un cambio de acorde con nuestro solo. Descubrimos que, focalizando notas en particular de un acorde o arpegio, podíamos introducir nuevos y apropiados sonidos en nuestras melodías y agregar interés y sentimiento a nuestra interpretación.

De todas formas, una vez que hayamos "ingresado" al nuevo acorde mientras tocamos, a menudo tendremos una gran cantidad de opciones de escala que podemos usar para continuar con nuestro solo. Las diversas escalas tienen diversas sensaciones o "colores", y dominando sus distintos sonidos podremos manipular las emociones de nuestra audiencia para llevarlos en un viaje a través del solo.

Con el tiempo, estos sonidos pasarán a ser algo automático para ti y no pensarás en las escalas en lo más mínimo mientras estés realizando un solo, sino únicamente en estados de ánimo y expresión. Sin embargo, para comenzar es importante aprender, comprender y escuchar cómo funciona, se siente y se toca cada escala.

Luego de la pentatónica menor, la siguiente elección de escala más común que se usa sobre el acorde I (A7) es la escala pentatónica *mayor*.

Puede que ya estés al tanto de esta escala y conozcas el "truco" que podemos usar para tocarla en la guitarra. Para tocar una escala pentatónica *mayor* de A puedes simplemente mover la escala pentatónica menor de A *hacia abajo por tres trastes.* Por ejemplo, aquí tienes una forma de tocar la escala pentatónica mayor de A:

A Major Pentatonic

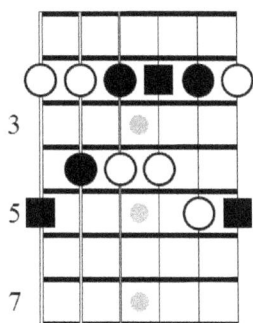

Podrás ver que, por escrito, esto se ve muy similar a la escala pentatónica menor de F# pero, **debido a que la escuchamos sobre un acorde mayor de A, escuchamos los intervalos de la escala en relación a A.**

También podrás ver que esto está escrito como una escala pentatónica mayor de A si miras la ubicación de las notas fundamentales marcadas con un cuadrado de la escala. Nota que la nota fundamental está sobre el 5to traste de la 6ta cuerda (A) y no sobre la F# (2do traste).

Prueba utilizando la escala pentatónica mayor de A para improvisar un solo sobre la progresión de blues de la *pista de acompañamiento 5*. Suena genial sobre los acordes de A7 pero no encaja demasiado bien sobre los acordes de D7.

Si estás luchando para comenzar, puede ayudarte tomar un lick pentatónico menor de A que conozcas y simplemente moverlo hacia abajo por tres trastes, de la siguiente forma:

Ejemplo 6a:

Aquí tienes algunos licks útiles de pentatónica mayor de A que utilizan esta forma de escala específica.

Ejemplo 6b:

Ejemplo 6c:

Ejemplo 6d:

Aun utilizando estos pocos ejemplos sencillos e improvisando tus propias líneas de pentatónica mayor podrás darte cuenta de dos cosas:

1) La escala pentatónica mayor de A suena mucho más feliz que la escala pentatónica menor de A.

2) La escala mayor de A realmente no suena tan bien cuando el acorde cambia a D7.

El motivo por el cual la escala pentatónica mayor suena más feliz es que contiene notas distintas a las de la escala pentatónica menor de A.

Las notas en la pentatónica menor de A son las siguientes:

A C D E y G (fórmula 1 b3 4 5 b7)

En la pentatónica mayor de A, las notas son las siguientes:

A B C# E y F# (fórmula 1 2 3 5 6)

Al mantenernos lejos de la b3 y agregar la 6ta, nuestro cerebro percibe la pentatónica mayor como un sonido más feliz.

El motivo por el cual la escala pentatónica mayor de A no funciona bien sobre el acorde de D7 es que la pentatónica mayor de A contiene la nota C#. Esta C# choca fuertemente con la nota importante C en el acorde de D7.

En la sección anterior hemos aprendido que la C (b7) es una de las notas más importantes en el acorde D7 de manera que, si tocamos una C#, introducimos una disonancia fuerte e indeseable a la melodía.

La solución es utilizar siempre una escala distinta cuando el acorde cambia a D7, pero echaremos un vistazo a esto más tarde.

Mover la escala pentatónica menor de A por 3 trastes hacia abajo es un truco útil, pero no siempre queremos vernos forzados a una posición en el mástil. Aprender la escala pentatónica mayor de A en el 5to traste es muy beneficioso, ya que nos ayuda a movernos fácilmente entre las escalas pentatónicas mayor y menor de A.

Aquí está la forma de tocar la escala pentatónica mayor de A en el 5to traste:

A Major Pentatonic
Shape 1

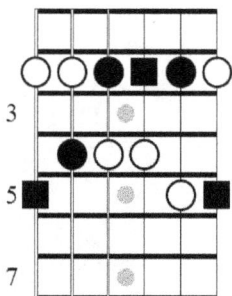

Esta forma de escala puede ser menos familiar para ti, así que practícala ascendiendo y descendiendo hasta que la hayas memorizado. No te preocupes demasiado sobre las digitaciones más específicas, a mi normalmente me gusta comenzar con mi dedo corazón.

Aquí tienes algunos licks útiles que se basan en este patrón de la escala pentatónica mayor de A:

Ejemplo 6e:

Ejemplo 6f:

Ejemplo 6g:

Ejemplo 6h:

Ahora aprende la escala pentatónica mayor en todas las posiciones del mástil en la tonalidad de A, y prueba improvisando melodías con ella. Aquí tienes las 5 formas que debes saber:

A Major Pentatonic
Shape 1

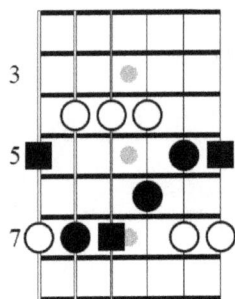

A Major Pentatonic
Shape 2

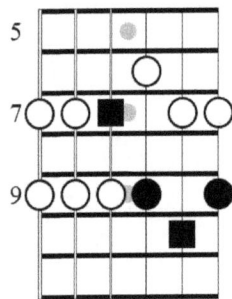

A Major Pentatonic
Shape 3

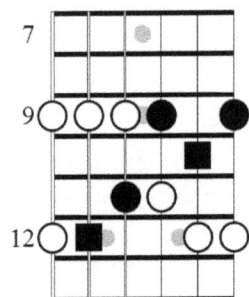

A Major Pentatonic
Shape 4

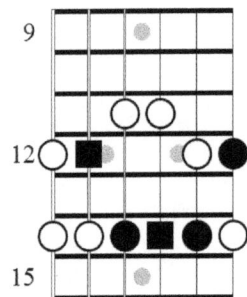

A Major Pentatonic
Shape 5

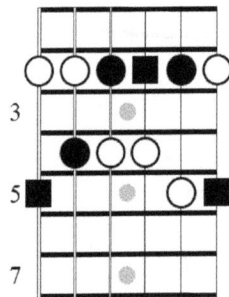

Para obtener más ideas de pentatónica mayor y una guía completa para el Sistema CAGED, echa un vistazo a mi best seller, *El sistema CAGED y 100 licks para guitarra rock*.

ii. La escala blues

Cuando se toca un solo de blues, la escala blues se trata de manera intercambiable con la escala pentatónica menor. Las escalas son idénticas excepto por la adición de una nota, la b5 en la escala blues.

La escala pentatónica menor tiene la siguiente fórmula:

1 b3 4 5 b7

Y la escala blues tiene la siguiente fórmula:

1 b3 4 b5 5 b7

La adición de esta única nota marca una diferencia importante en el sonido de nuestros solos.

Aquí tienes los diagramas de ambas escalas:

Am Pentatonic   Am Pentatonic

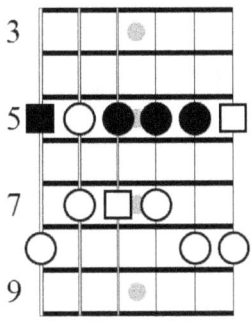

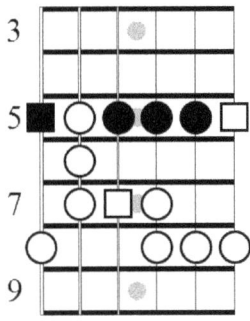

Una buena manera de escuchar cómo esta nota extra crea una gran diferencia en tu interpretación es empezar a alterar algunos licks pentatónicos menores que ya conoces.

Toma esta línea, por ejemplo:

Ejemplo 6i:

Al agregar la "nota blues" podemos darle un sonido muy distinto a la línea:

Ejemplo 6j:

También es muy común aplicar bend desde la 4ta (D) hasta la 5ta (Eb), de esta forma:

Ejemplo 6k:

La b5 también es útil cuando se toca en la octava más baja:

Ejemplo 6l:

Ejemplo 6m:

Aquí tienes algunos licks útiles adicionales que están formados a partir de la escala blues:

Ejemplo 6n:

Ejemplo 6o:

Ejemplo 6p:

Ejemplo 6q:

Como siempre, deberías practicar improvisando con la escala blues a través de todo el mástil. Aquí tienes los cinco patrones de escala que necesitas saber:

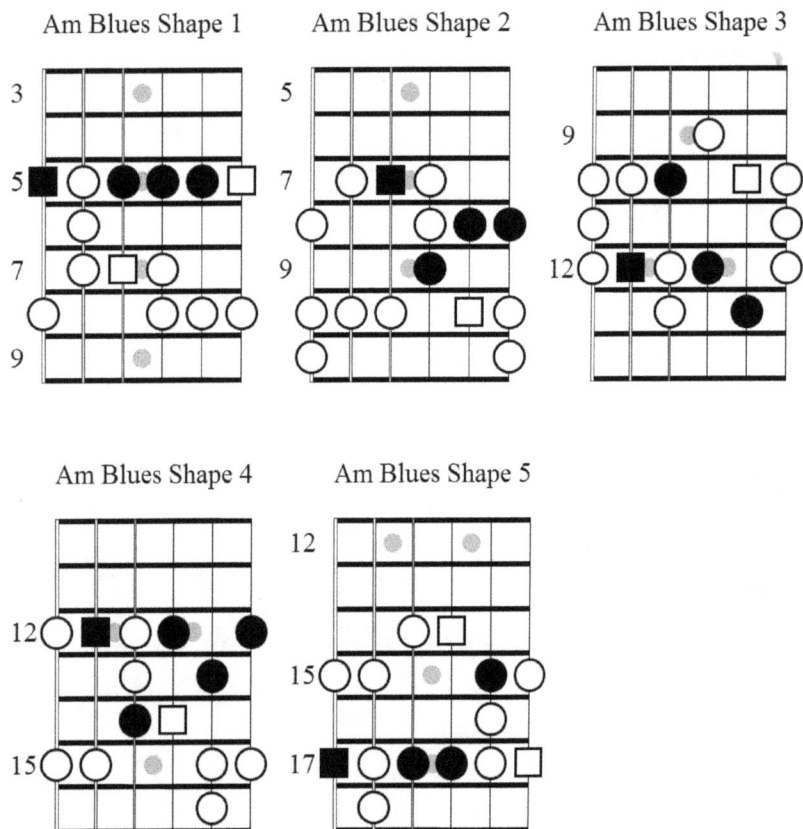

Am Blues Shape 1   Am Blues Shape 2   Am Blues Shape 3

Am Blues Shape 4   Am Blues Shape 5

iii. El modo mixolidio

Una elección de escala muy común sobre el acorde I es la escala de A mixolidio.

El mixolidio es el quinto *modo* de la escala mayor y contiene todas las notas desde el arpegio de A7 más las notas de la escala pentatónica mayor de A.

Como fórmula, puede escribirse de la siguiente manera:

1 2 3 4 5 6 b7

En la tonalidad de A, las notas son A B C# D E F# G

Como puedes ver, contiene las notas del arpegio de séptima dominante de A:

1 3 5 b7

A C# E G

Y las notas de la escala pentatónica mayor,

1 2 3 5 6

A B C# E F#

También incluye la 4ta de la escala pentatónica menor, D.

Debido a que el sonido mixolidio está tan cerca del arpegio del acorde y debido a que el sonido de la escala pentatónica mayor puede estar un poco *demasiado* cerca de la armonía, la escala mixolidia casi siempre aparece combinada con la pentatónica menor y escalas blues para darle un poco de mordacidad, carácter y agresión.

La escala de A mixolidia puede tocarse con la guitarra de la siguiente manera. He incluido un diagrama de la escala blues de A junto al diagrama del modo mixolidio. Es muy útil ver las semejanzas y diferencias que existen entre ambos porque, siendo realistas, toda interpretación mixolidia es una combinación constante de estas dos escalas.

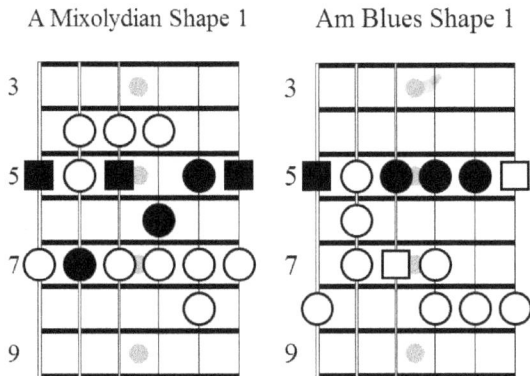

A Mixolydian Shape 1   Am Blues Shape 1

Prueba tocar la escala mixolidia ascendiendo y descendiendo sobre los acordes de A7 en la *pista de acompañamiento 1*. En todo caso, suena un poco demasiado "correcta".

Es sencillo escuchar que las notas están correctas, pero no tiene un estilo demasiado de blues. Cuando uso el modo mixolidio en un solo de blues, tiendo a pensar en la escala pentatónica/blues menor como mi "base" y mezclo las notas adicionales del modo mixolidio para lograr un sonido más rico. Puede ser visto como la interpretación de una combinación de escalas pentatónicas menores y mayores tocadas a la vez.

Estudia las siguientes líneas, que han sido creadas mediante la combinación de las escalas pentatónicas/blues de A mixolidio y A menor.

Ejemplo 6r:

Ejemplo 6s:

Ejemplo 6t:

Ejemplo 6u:

Ejemplo 6v:

Estudia los ejemplos anteriores con mucho detenimiento; ¿puedes ver cómo los elementos de la escala pentatónica menor y del modo mixolidio se pueden combinar libremente para crear un sonido auténtico de guitarra blues?

Estos ejemplos son solo la punta del iceberg. Una forma muy musical de practicar este concepto es buscar notas contenidas en el modo mixolidio pero no en la escala pentatónica menor. Prueba aplicando bend o deslizándote desde notas mixolidias hacia notas de pentatónica menor y viceversa.

Por ejemplo, en vez de usar esta línea pentatónica menor "estándar"...

Ejemplo 6w:

...conviértela en un lick mixolidio de sonido más brillante:

Ejemplo 6x:

También prueba las dos ideas anteriores sobre la 1ra cuerda.

Existen numerosas oportunidades para aplicar este tipo de conversión y deberías practicar este concepto por toda la siguiente. Aquí tienes la escala de A mixolidio en las cinco posiciones principales del diapasón. Cada una se muestra junto con la escala blues relacionada.

A Mixolydian Shape 1   Am Blues Shape 1

A Mixolydian Shape 2   Am Blues Shape 2

A Mixolydian Shape 3   Am Blues Shape 3

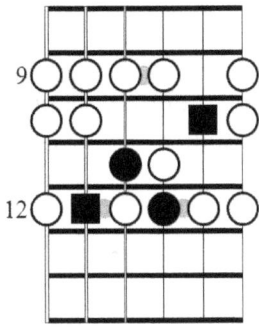

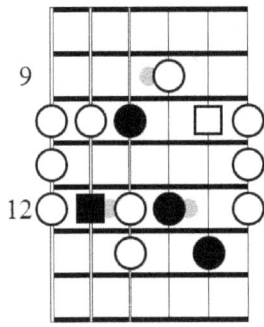

A Mixolydian Shape 4   Am Blues Shape 4

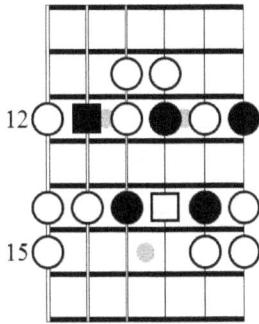

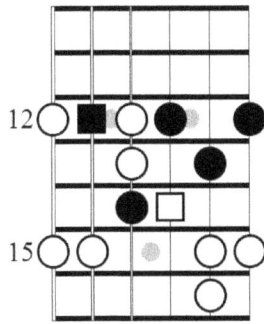

A Mixolydian Shape 5   Am Blues Shape 5

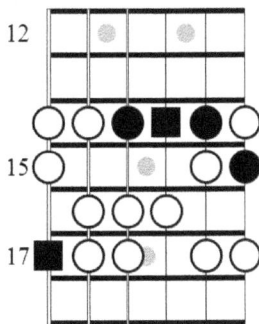

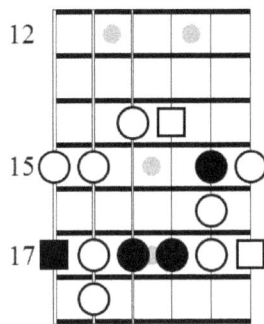

Puede que ya hayas adivinado que podemos usar el modo de D mixolidio sobre el acorde D7 (IV) y el E mixolidio sobre el acorde E7 (V). Echaremos un vistazo más detallado luego, pero será muy útil para ti aprender estas escalas en las tonalidades de D y E tan pronto como sea posible.

Capítulo 7 – Opciones de escala para el acorde IV

i. La tónica de la pentatónica menor en el acorde IV

Como aprendimos en el capítulo 6, la escala pentatónica *mayor* de A puede sonar disonante contra el acorde D7. Esto quiere decir que debemos cambiar la escala que usamos cuando la armonía cambia a D7. Existen algunas opciones para utilizar, pero mi opción favorita es la siguiente:

Tocar la escala pentatónica *menor* de A sobre el acorde D7.

Un buen motivo para esto es que la escala pentatónica menor de A contiene la b7 del acorde D7 (C). Por lo tanto, podemos usar la pentatónica menor de A para focalizar esta nota. Si ya hemos usado anteriormente la escala pentatónica mayor de A para realizar un solo sobre el acorde A7, entonces no hemos tocado la nota C hasta este momento, y su introducción será una grata sorpresa melódica en el cambio de acorde.

Es importante notar que la escala pentatónica menor de A (A C D E G) *no incluye* la 3ra importante del acorde A (F#), así que es completamente aceptable agregar esta nota donde sea que queramos hacerlo.

Aquí tienes una línea que usa la escala pentatónica mayor de A sobre el acorde A7 y se mueve hacia la pentatónica menor de A sobre el acorde D7. La línea focaliza la b7 de D7 (C) en el cambio de acorde.

En este ejemplo, yo toco la pentatónica mayor de A en el 2do traste y deslizo la escala hacia arriba por tres trastes para tocar la pentatónica menor de A.

Ejemplo 7a:

Aquí tienes algunas ideas que cambian entre las escalas pentatónicas mayor y menor de A mientras se mantienen en el 5to traste:

Ejemplo 7b:

Ejemplo 7c:

Además, no olvidemos todo el trabajo que hicimos en el capítulo 1. Aún podemos focalizar la 3ra mayor del acorde D7 (F#) cuando el acorde cambia (a pesar de que no está contenida en la escala pentatónica menor de A) y luego continuar nuestra línea con la escala pentatónica menor de A.

Ejemplo 7d:

Ejemplo 7e:

La clave aquí, como siempre, es experimentar e improvisar mucho. Recuerda, que una opción de escala esté disponible *no significa* que debas tocarla. Este es un error que yo solía cometer a menudo, intentaba improvisar incluyendo todos los conceptos teóricos posibles en un compás cuando, en realidad, una gran forma de proceder es intentar sugerir una escala tan sutilmente como sea posible.

Otro concepto importante que se discutió en profundidad en el libro 2 fue el de decidir *cuándo* vas a tocar, y no *qué* vas a tocar. Pensando de esta manera, tomas el control inmediato de tu solo. Prueba apuntando a comenzar tu línea en un punto específico en el compás D7, por ejemplo, en la mitad del tiempo tres:

Ejemplo 7f:

Utilizando esta cantidad de espacio entre mis líneas, resalto verdaderamente la diferencia en la elección de escala entre el compás 1 y el compás 2. Aún uso la escala pentatónica mayor de A en el compás 1 y una pentatónica menor de A en el compás 2 pero, escogiendo un punto específico en donde voy a tocar, me doy espacio para construir mi solo y le doy tiempo a la audiencia para apreciar la sutileza de cada frase.

ii. La pentatónica menor en el acorde IV

Debido a que hemos estado usando la escala pentatónica mayor de A sobre el acorde de A7, podría parecer obvio probar la escala pentatónica mayor de D sobre el acorde D7. En realidad, esta es una especie de "área gris" musical.

En teoría, la escala debería funcionar perfectamente bien, pero en mi opinión (y ciertamente deberías probar esto tú mismo), la escala pentatónica mayor de D no es una elección genial para el acorde D7.

Esto se debe a que la pentatónica mayor de D no contiene la b7 del acorde D (C), que parece ser una nota tan importante y poderosa en este punto de la progresión que su omisión realmente desluce el sonido de blues clásico. Si recuerdas el capítulo 1, el movimiento de la 3ra de A7 (C#) hacia la b7 de D7 (C) es una de las características distintivas y uno de los sonidos importantes en el blues.

Al tocar una escala pentatónica mayor de D en este punto, nos privamos de la oportunidad para explotar este movimiento.

Por supuesto, podrías tocar solamente una escala pentatónica mayor de D y agregar la nota b7, pero en realidad este sonido es tan cercano al modo mixolidio que la mayoría de las personas simplemente terminan tocando el mixolidio. El mixolidio en el acorde IV será discutido en algunas de las próximas páginas.

Una buena opción para tocar en el acorde D7 es la escala pentatónica *menor* de D, pero suele funcionar mejor si aplicamos bend a la nota b3 (F) hacia el territorio mayor (F#).

Hemos echado un breve vistazo a esta idea en la página 22, cuando hablamos de aplicar bend a los tonos guía desde un semitono más abajo.

Este es un diagrama del diapasón para la pentatónica menor de D en el 5to traste:

Dm Pentatonic

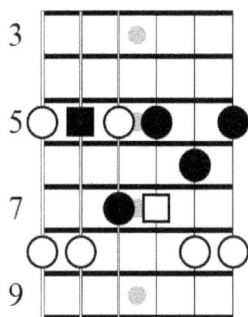

Aquí tienes algunas líneas para el acorde IV basadas en la escala pentatónica menor de D. Nota cómo virtualmente siempre aplico bend sobre la F hacia la F#.

Ejemplo 7g:

Ejemplo 7h:

Ejemplo 7i:

Usar una escala pentatónica menor de D sobre el acorde D7 es una técnica melódica común debido a que la b3 (F) debe ser manipulada con precaución. La forma más común de tratar con esta nota es aplicarle bend hacia arriba, hacia la 3ra mayor (F#), de la forma en que he mostrado.

iii. El modo mixolidio en el acorde IV

Tocar el modo mixolidio en el acorde IV funciona de manera muy similar a tocar el modo mixolidio en el acorde I: solo funciona si el acorde IV es una séptima dominante o acorde mayor.

De todas formas, el modo mixolidio es un enfoque muy común porque, como he mencionado en el capítulo 6, la escala mixolidia contiene todas las notas del acorde de séptima dominante y algunos colores de gran sonido.

Sobre el acorde de D7 podríamos utilizar el modo mixolidio de D.

En el 5to traste, la D mixolidia puede ser tocada de esta forma:

D Mixolydian Shape 4

El modo de D mixolidio no está relacionado con la tonalidad tónica de A, de manera que tenderíamos a usarlo *solo* sobre el acorde. En términos teóricos, estamos viendo cada cambio de acorde hacia D7 como una modulación temporaria (cambio de tonalidad) a la tonalidad de D mixolidio.

Aparte de esta distinción, la teoría de usar D mixolidio en cualquier compás de D7 es lo mismo que usar A mixolidio en un acorde A7. El modo de D mixolidio contiene todos los tonos de acordes de D7 (D, F#, A y C) más todas las notas de la pentatónica mayor de D (D, E, F#, A y B). También contiene el 4to intervalo de la escala pentatónica menor de D, (G).

Una vez más, es combinada libremente con la escala pentatónica/blues menor de D. Sin embargo, la 3ra menor (F) virtualmente siempre tendrá aplicado bend hacia arriba, hacia la 3ra mayor (F#), de la misma forma que vimos en la sección anterior.

Antes de aprender nuevo vocabulario basado en la forma anterior de D mixolidio, echemos un vistazo a una forma sencilla de reciclar algunas de las líneas mixolidias que usamos en el acorde A7.

La forma más sencilla de escuchar el sonido mixolidio en D7 es deslizar un lick de A mixolidio hacia arriba por 5 trastes exactamente de la misma forma en que moveríamos un acorde con cejilla hacia la parte superior del mástil de A7 a D7.

Por ejemplo, prueba tocando el lick del ejemplo 6r:

pero comienza en el 10mo traste, de la siguiente manera:

Ejemplo 7j:

Aquí tienes la A mixolidia del ejemplo 6s,

A7

que ha sido movida hacia la parte superior del mástil para convertirse en una línea de D mixolidio:

Ejemplo 7k:

D7

Aprender a mover líneas por todo el mástil hacia nuevas tonalidades es una parte esencial de aprender a tocar la guitarra, así que prueba moviendo todos tus licks hacia diferentes tonalidades. También es importante ser capaz de cambiar de tonalidad mientras te mantienes en una posición.

Las líneas siguientes están basadas en la forma de escala mixolidia de D que se muestra en el comienzo de esta sección.

Ejemplo 7l:

D7

Ejemplo 7m:

Ejemplo 7n

Ejemplo 7o

Ejemplo 7p:

Ejemplo 7q:

Todos los ejemplos anteriores comienzan con una nota de arpegio del acorde D7, justo como aprendimos en el capítulo 1. Luego, las líneas continúan utilizando combinaciones de las escalas de D mixolidio y pentatónica menor de D. A menudo aplico bend a un tono de arpegio desde un semitono por debajo para obtener un efecto más de estilo de blues.

Capítulo 8 –Opciones de escala para el acorde V

i. La tónica de la pentatónica menor en el acorde V

Existen muchas opciones de escala posibles para el acorde V (E7) y uno de los sonidos más comunes consiste en usar la escala pentatónica menor tocada en la tonalidad de la canción, en nuestro caso, la pentatónica menor de A. Ya hemos cubierto esta escala en gran profundidad y la hemos usado en los acordes A7 y D7 y a lo largo de *La guía completa para tocar guitarra blues – Libro 2: Fraseo melódico*.

Sin embargo, existe un peligro en "cubrir" la progresión de blues con la tónica de la escala pentatónica menor, ya que es sencillo perder la perder de vista y de oído las sutilezas armónicas que se producen cuando los acordes cambian.

Este libro ha sido acerca de mejorar y articular estos movimientos armónicos mediante la elección cuidadosa de notas de arpegio y tonos guía, de manera que en esta sección echaremos un vistazo a un cambio muy específico que podemos realizar sobre la escala pentatónica menor de A para que sea perfecta para esbozar el acorde E7.

Si recapitulamos el capítulo 3, recordarás que una de las notas más fuertes de focalizar en el acorde E7 es la 3ra (G#). Sin embargo, la escala pentatónica menor de A *no contiene* esta nota, pero existe una forma sencilla de incluirla alterando una de las notas en la escala a la que más comúnmente se le aplica bend.

Cuando estés realizando un solo con la escala pentatónica menor de A, probablemente ya estés acostumbrado a tocar líneas como la siguiente:

Ejemplo 8a:

La última nota de la frase anterior es un bend de tono completo desde la nota G hasta la nota A. Si deseamos focalizar la nota G# en un acorde E7, simplemente podemos cambiar este bend y convertirlo en un bend de medio tono desde G hasta G#.

Este concepto es particularmente fuerte si lo tocamos correctamente en el cambio de acorde:

Ejemplo 8b:

Alterando solo esta única nota a la que se le aplicó bend, podemos usar sencillamente la escala pentatónica menor de A para esbozar claramente el sonido de E7. Recuerda, sin embargo, que la G# normalmente sonará horrible en cualquier otro punto de la progresión. Sólo funciona en el acorde E7.

Aquí tienes algunas líneas para comenzar:

Ejemplo 8c:

Nota cómo, en el ejemplo 8c, repito el bend sobre G-G# en la octava más baja.

En adición, normalmente se le debe aplicar un pequeño "rizo" a la C natural de la escala pentatónica menor de A, hacia el territorio de C#, ya que esta es una nota ligeramente más dulce comparada con el acorde E7.

Ejemplo 8d:

Ejemplo 8e:

Ejemplo 8f:

ii. La pentatónica menor en el acorde V

De la misma manera en que usamos la escala pentatónica menor de D sobre D7, también podemos usar la escala pentatónica menor de D sobre E7.

Es importante recordar que, una vez más, casi siempre aplicaremos bend a la b3 (G) hacia el territorio de la 3ra mayor (G#).

Una manera simple de acceder a este sonido es tomar cualquier lick de pentatónica menor de D que conozcas y moverlo hacia arriba por un tono.

Por ejemplo, aquí tienes un lick de pentatónica menor de D del capítulo 7 (ejemplo 7g):

Y aquí está movido por un tono para convertirse en un lick de pentatónica menor de E:

Ejemplo 8g:

No olvides que también puedes mover un lick de escala pentatónica menor/blues de *A* hacia arriba, hasta el área del 12vo traste para crear un lick de pentatónica menor de E. Probémosla con esta idea del capítulo 6 (ejemplo 6j):

Aquí tienes la misma línea, movida (transportada) hacia arriba, para generar una línea de E7:

Ejemplo 8h:

Estas dos técnicas son muy útiles, pero también deberíamos aprender vocabulario de la pentatónica menor de E en el 5to traste, de manera que no tengamos que "perseguir" a los licks alrededor del diapasón.

Así es como se toca la escala pentatónica menor/blues de E en el 5to-7mo traste:

Em Pentatonic Shape 3   Em Blues Shape 3

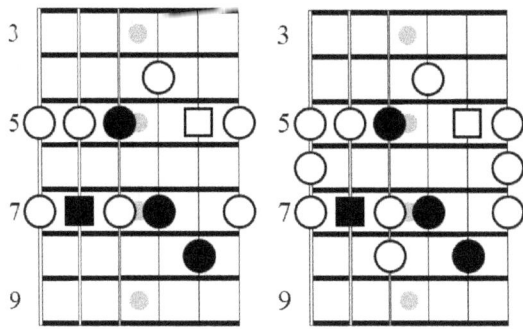

Una ventaja de usar la pentatónica menor de E en vez de la pentatónica menor de A sobre el acorde E7 es que contiene la 5ta del acorde E7. Como aprendimos en el capítulo 3, esa es una nota objetivo extremadamente fuerte, ya que solo se produce en el acorde E7.

Las líneas siguientes demuestran cómo usar la escala pentatónica menor de E sobre el acorde E7. Nota que normalmente se le aplica bend a la b3 (G) hacia la 3ra mayor (G#) si se produce en un punto rítmicamente fuerte del compás.

Ejemplo 8i:

Ejemplo 8j:

Ejemplo 8k:

No lo olvides, cualquiera de estas líneas puede ser tocada por un tono (dos trastes) hacia abajo, como un lick de D7.

iii. La pentatónica menor en la 5ta del acorde V

De la misma manera en que utilizamos la pentatónica menor de A sobre el acorde D7 en el capítulo 7, es posible usar la *pentatónica menor de B* para realizar un solo sobre el acorde E7.

En teoría musical, esta relación se llama "tocar una escala pentatónica menor construida sobre la 5ta del acorde". Es un recurso común que se usa mucho en la guitarra de rock y se explica en mucho más detalle en mi libro, **Guía práctica de la teoría musical moderna**.

La 5ta del acorde E7 es la nota B, de manera que podemos tocar la pentatónica menor de B sobre el acorde E7.

Una vez más, la forma más rápida de oír esta relación es simplemente mover una de las líneas pentatónicas menores de A que tocábamos en el acorde D7 hacia arriba por un tono, de manera que se convierta en una línea pentatónica menor de B sobre el acorde E7.

Por ejemplo, aquí tienes una línea pentatónica menor de A del capítulo 7 (ejemplo 7b).

Esta línea usa la escala pentatónica mayor de A en el acorde A7 y cambia a A menor en el acorde D7.

Mantengamos igual la primera mitad de la línea en el acorde A7, pero cambiemos la segunda mitad de la línea hacia arriba por un tono, para que se adapte a un acorde E7:

Ejemplo 8l:

Este es uno de los enfoques más comúnmente utilizados cuando se toca sobre el acorde dominante en un blues. Debes ser un poco más cuidadoso, sin embargo, porque la escala pentatónica menor de B contiene la nota F#, que es un tono de acorde importante del acorde *D7*. Normalmente, yo evitaría tocar la nota F# justo sobre el cambio de acorde, porque puede sonar un poco ambiguo.

Usa la *pista de acompañamiento 10* para practicar este concepto, la progresión armónica en la pista de acompañamiento es la siguiente:

Elige una única escala/concepto para tocar en el acorde A7 y pruébalo moviéndote hacia una línea pentatónica menor de B sobre los acordes E7. Comienza moviendo algunas de las líneas pentatónicas de A que utilizabas sobre el acorde D7 hacia arriba por un tono, de manera que se conviertan en líneas de pentatónica menor de B, como en el ejemplo anterior.

Usa tus oídos para decidir si las notas que estás focalizando funcionan en este contexto. Aquí tienes más líneas de pentatónica menor de B para que comiences sobre el acorde E7:

Ejemplo 8m:

Aquí, yo dejo que el acorde E7 se "asiente" antes de tocar la línea. Esto mejora su potencia. **Ejemplo 8n:**

E7

```
T  ----7--------10---7------------------------10--------------------
A  ------------------------9------9/11--------------11\9------7-----
B  ------------------------------------------------------------------
```

Si deseamos mantenernos en la posición cuando tocamos la escala pentatónica menor de B, podemos digitarlo de la siguiente manera:

Bm Pentatonic Shape 5

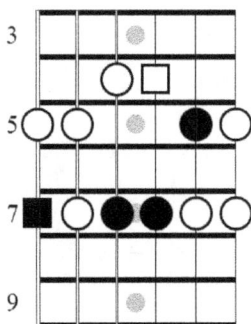

Las líneas siguientes se basan en esta forma de escala. Yo también agrego libremente la 3ra al acorde E7 (G#) para mejorar la fuerza de la línea.

Ejemplo 8o:

E7

```
              ½                               ½
T  7----------5--------------5------------------------------
A  ---------------7----------7-----------5-------------------
B  ----------------------------------------------------------
```

Ejemplo 8p:

E7

```
                                    full        ½
T  -----------------------5------7------------7------5--------
A  ----------4------7----------------------------------------
B  ----------------------------------------------------------
```

Ejemplo 8q:

Puede que hayas notado que tocar la escala pentatónica menor de B sobre el acorde E7 es muy similar a tocar la escala pentatónica *mayor* de A sobre el acorde E7. De hecho, solo hay una nota diferente entre las dos escalas. Estos tipos de diferencias sutiles entre las opciones de escala se pueden volver comunes cuando observamos las posibilidades para los solos en tanto detalle debido a que solo una cierta cantidad de notas estará estrechamente relacionada con el sonido de E7.

Prueba usar esta línea pentatónica mayor de A sobre el acorde E7:

Ejemplo 8r:

"Pensar" la pentatónica mayor de A o la pentatónica menor de B sobre el acorde E7 te dará sentimientos y estados de ánimo sutilmente diferentes sobre el acorde dominante. Mi consejo es que experimentes, elijas tu favorita y te mantengas con ella.

iv. La pentatónica mayor en el acorde V

Otra elección común es la de usar la escala pentatónica mayor en el acorde V. *Puede* ser un poco vivaz para algunas personas, hasta un poco de estilo country, pero cuando se combina con la escala pentatónica menor u otros enfoques discutidos anteriormente, contiene todos los ingredientes para un enfoque articulado del acorde dominante en el blues.

La gran ventaja de usar la escala pentatónica mayor de E en E7 es que contiene la 3ra mayor. Las notas en la escala son:

E F# G# B y C#

Y estas son las notas fundamental, 9na, 3ra, 5ta y 13ra de la escala.

Si recapitulas el capítulo 4, observarás que tanto la 3ra (G#) y la 5ta (B) son notas muy fuertes para apuntar en el acorde E7.

Aquí tienes el diagrama de la escala para la pentatónica mayor de E en el traste 12:

E Major Pentatonic

Como siempre, la forma más rápida de acostumbrarse a un nuevo sonido es usar algo que ya conozcas. Traslada un lick de pentatónica mayor de A hacia la parte superior del mástil y conviértelo en un lick de pentatónica mayor de E. Aquí tienes un ejemplo del capítulo 6 (ejemplo 6g).

Para transportar esta línea hacia un lick de pentatónica mayor de E podemos mover la forma hacia arriba, al traste 12, de la siguiente manera:

Ejemplo 8s:

Prueba este tipo de transposición con todos los licks de pentatónica mayor A o D que conoces de los capítulos anteriores. Para este punto ya debería serte fácil mover licks pentatónicos hacia diferentes tonalidades.

Para tocar la escala pentatónica mayor de E en la quinta posición del traste, podemos usar esta forma de escala:

E Major Pentatonic

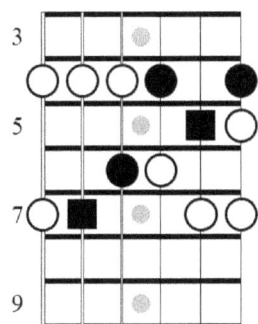

Aquí tienes algunas líneas que se basan en esta posición; y verás que yo suelo combinar notas de las escalas pentatónicas mayor y menor.

Ejemplo 8t:

Ejemplo 8u:

Ejemplo 8v:

v. El modo mixolidio en el acorde V

La escala final que observaremos consiste en tocar E mixolidio en el acorde E7. Existen muchas semejanzas entre el modo mixolidio y la escala pentatónica mayor. Sin embargo, el modo mixolidio contiene algunas notas extra, en particular el tono de acorde b7, que hace que encaje perfectamente alrededor del acorde V7.

Para acceder rápidamente al sonido mixolidio del acorde E7, prueba transponer algunas líneas de A mixolidio hacia la parte superior del mástil, en el área del 12avo traste. Aquí tienes una del ejemplo 6t:

Ejemplo 8w:

Prueba moviendo otras mixolidias de A y D en la parte superior del mástil hacia la tonalidad de E para crear un vocabulario inmediato y lograr que tus oídos se acostumbren a este nuevo sonido.

El modo mixolidio de E puede ser tocado en la posición del 5to-7mo traste de la siguiente manera:

E Mixolydian

Aquí tienes algunos licks de E mixolidio que se basan en la forma de la escala anterior. Como siempre, yo combino de manera libre notas de la escala pentatónica menor y de la escala blues en las líneas.

Ejemplo 8x:

Ejemplo 8y:

Ejemplo 8z:

El mixolidio en el acorde dominante es un sonido favorito de muchos de los mejores guitarristas de blues, pero la realidad es que la verdadera interpretación genial y emotiva es una combinación de muchos diversos enfoques.

En el capítulo siguiente discutiremos cómo practicar todos estos conceptos de manera eficiente y los incorporaremos a nuestra interpretación. Si tenemos un enfoque estructurado a la hora de practicar estas ideas, entonces rápidamente se combinarán y se convertirán, para nosotros, en una parte natural de nuestros solos.

El punto que muchos estudiantes olvidan al principio es que *todo* este estudio se reduce al entrenamiento del oido. *¿Realmente* quieres pensar en las escalas cuando estés tocando, o quieres simplemente escuchar y sentir dónde están las notas en la guitarra?

El tipo de estudio profundo contenido en este libro forma parte de una etapa esencial de tu desarrollo como músico. Sin el estudio de las permutaciones de escalas y de los tonos guía, siempre estarás en una situación en donde "no conoces lo que no conoces". Estudiando las elecciones de escala principales de manera individual y simplemente eligiendo las que te gustan, estarás en una posición de control de lo que quieras tocar. Habrás educado a tus oídos para que conozcan todos los sonidos posibles y siempre tocarás tus favoritos.

No todas las opciones de escala en este libro serán de tu agrado. Si hay algo que no te gusta, dale una oportunidad y trabaja en ello por un tiempo pero, si aun así no te gusta, descártalo y pasa a algo mejor.

Capítulo 9 - Cómo practicar

Este libro contiene una vasta cantidad de información. Cubre todo desde simplemente focalizar las notas que definen a cada acorde hasta muchas opciones de escala diferentes para cada acorde en el blues. Si no tenemos un enfoque estructurado a la hora de aprender y asimilar estos sonidos, entonces la tarea se puede volver abrumadora.

Mi primer consejo viene en forma de advertencia: evita el pensamiento de "pero, ¿qué pasaría si...?".

Admitiré que aún soy culpable de hacer esto, pero estoy mejorando. Algunas veces puedo estar realizando solos, creando melodías e intentando expresarme con la guitarra. Puedo estar tocando sobre una progresión de blues o jazz y dejando que mis oídos (desarrollados a lo largo de años de práctica) guíen mi interpretación.

Podría estar realizando solos usando un concepto teórico o escala que he interiorizado y con la que esté cómodo pero, de repente, comienzo a pensar "pero, ¿qué pasaría si usara esta escala? ¿Sonaría mejor este sonido? ¿Debería usar *esta* parte de teoría para demostrarle a la gente lo competente que soy?"

Quizá te sientas identificado con esto. Cuanto más estudiamos, más opciones de solos podemos tener en cualquier momento, y más nos podemos ver afectados por "pero, ¿qué pasaría sí...?".

El problema es que el juego ya está perdido para este punto. He perdido porque empecé a pensar sobre tocar escalas y teoría, y no sobre tocar música y melodía.

La forma de luchar contra esto es darse cuenta de que *casi todo* lo que practicamos consiste solamente en el entrenamiento del oído. El momento de considerar y practicar escalas y teoría es en la sala de ensayo. Tan pronto como te sientes a tocar algo significativo, deberás aprender a apagar el diálogo interno. El diálogo que te dice lo que *no* estás tocando.

Esto puede estar al borde de la meditación, pero debes enfocarte y escuchar sólo las notas que están saliendo de tu guitarra. Enfócate en la música y la melodía, y ponte en control de la siguiente nota que toques. Si has hecho el trabajo en la sala de ensayo, con el tiempo, los nuevos conceptos estarán en tus oídos y bajo tus dedos. Si ves que no está sucediendo, ¡practica más lentamente!

Si dudas cuando realizas el solo, deja un silencio hasta que escuches tu siguiente melodía en tu cabeza, y luego tócala. Será difícil al principio, pero practica aprender a tocar lo que escuches adentro tuyo. La manera más rápida de hacer esto es cantar lo que tocas. Esto podría ser embarazoso o incómodo al principio, pero nadie debe oírte. Es la única manera garantizada de conectar la música que está dentro de ti con tus oídos y tu guitarra.

Si realmente quedas atascado cuando estés en el escenario, elige un concepto teórico y haz música con él. Recuerda del libro 2, que las herramientas más poderosas que tienes a tu disposición son el ritmo, la sensación y la colocación. El concepto musical más simple puede sonar increíble cuando se toca con una sensación impecable.

Por sobre todas las cosas, apaga el "pero, ¿qué pasaría si...?" y enfócate en la música que estés tocando en el momento.

Puede que nada de esto sea relevante para ti, pero en mi experiencia, esto ha afectado casi a todos los músicos con los que he hablado. Casi sin excepción, todos ellos han dicho: "deja espacio, mantenlo simple y piensa en términos de ritmo".

A continuación, observaremos cómo podemos comenzar a incorporar las escalas de este libro a nuestra interpretación de manera tangible.

Hemos estudiado muchas opciones de escala posibles para cada acorde de la progresión de blues.

Aquí están todas ellas de forma escrita:

Acorde I: A7

Escala pentatónica menor de A

Escala blues de A

Escala pentatónica mayor de A

Escala mixolidia de A

Acorde IV: D7

Escala pentatónica menor de D

Escala pentatónica menor de A

Escala mixolidia de D

(También es posible usar la escala pentatónica mayor de D)

Acorde V: E7

Escala pentatónica menor de A

Escala pentatónica menor de E

Escala pentatónica menor de B

Escala pentatónica menor de E

Escala mixolidia de E

Ahora elige solo un enfoque para realizar los solos para cada acorde. Comienza siempre con tus favoritos (si no tienes un favorito, elige uno al azar).

Escribe la progresión del blues de 12 compases y *escribe el enfoque que usarás en cada acorde*. Usa siempre el mismo enfoque para el mismo tipo de acorde. Por ejemplo, si has decidido usar la pentatónica mayor en el acorde A7, la pentatónica menor de A en D7 y la mixolidia de E en los acordes de E7, ¡cíñete a ello!

Tu esquema de solos se verá similar a lo siguiente:

A Major Pentatonic	A Minor Pentatonic	A Major Pentatonic	
A7 (1)	**D7** (2)	**A7** (3)	**A7** (4)

A Minor Pentatonic		A Major Pentatonic	
D7 (5)	**D7** (6)	**A7** (7)	**A7** (8)

E Mixolydian	A Minor Pentatonic	A Major Pentatonic	E Mixolydian
E7 (9)	**D7** (10)	**A7** (11)	**E7** (12)

Ten esto frente a ti y no te desvíes de tu plan. Si se te presentan otras ideas, esto será bueno en un sentido, porque significará que tu oído musical estará tomando el control; pero, por otro lado, debemos asegurarnos de que nuestra práctica está centrada y es disciplinada.

Puede que desees comenzar escribiendo algunos licks específicos para tocarlos sobre cada acorde. Esto puede ser realmente útil al principio, cuando puede ser difícil improvisar de manera fluida mientras se cambia de escalas sobre cada acorde. Si estás teniendo problemas, no tengas miedo de usar una pista de acompañamiento muy lenta o simplemente aísla cada acorde antes de volver a unir todo.

Podría llevarte días, semanas, meses o años estar totalmente cómodo con una elección en particular, pero si algo *realmente* no está funcionando para ti, no tengas miedo de descartarlo e intentar otra cosa. No tiene sentido perder tu tiempo intentando forzar algo con lo que no te gusta trabajar, ¡cuando el mejor sonido está a la vuelta de la esquina!

Cuando sientas que estás comenzando a entender del todo tus decisiones iniciales, toma tu elección de escala *menos* favorita y reemplázala con una nueva. Si te gustan todas las opciones, simplemente reemplaza una por otra cosa, al azar. Por ejemplo, en el ejemplo anterior, podías reemplazar todas las escalas pentatónicas mayores de A por escalas pentatónicas menores de A.

Ahora, pasa algún tiempo probando nuevos licks e improvisando de manera libre con las escalas establecidas. Prueba experimentando con los conceptos rítmicos de la ***Guía completa para tocar guitarra blues – Libro 2: Fraseo melódico*** mientras te mantienes dentro de tus elecciones de escala. Aquí es donde realmente encontrarás tu propia voz y "te meterás dentro" de la escala.

Al cabo de algunas semanas, deja una escala y prueba una nueva. Antes de que te des cuenta, tus oídos y tu habilidad se verán mejorados de manera espectacular.

Toma nota de tus favoritos y trabaja con ellos. Podría suceder que tus favoritos sean interdependientes. Por ejemplo, podría solo gustarte el sonido de la pentatónica menor de A en el acorde D7 *luego* de que hayas tocado la A mixolidia en el A7. Toma nota de estas relaciones y trabaja en ellas en diferentes posiciones sobre el mástil de la guitarra en tonalidades diferentes.

Las tonalidades principales que deberías saber son A, E, C y Bb.

Por último, ¡escucha!

Debes escuchar a los músicos de blues que te gustan. Como músicos, todos nosotros somos producto de las personas a las que escuchamos y de lo que practicamos. Prueba escuchando como parte de tu rutina de práctica. Deja tu guitarra y ve si puedes reconocer los enfoques que tus músicos favoritos están usando. Cuando hayas escuchado una canción algunas veces, prueba tomando tu guitarra e intentando copiar frases cortas que toca el guitarrista. B.B. King es excelente para esto, porque a menudo deja grandes espacios entre frases cortas.

Mantenlo simple, diviértete y disfruta el proceso de desarrollar tus oídos musicales.

Buena suerte,

Joseph

Otros libros del mismo autor

Guía completa para tocar guitarra blues - Libro 1: Guitarra rítmica

Guía completa para tocar guitarra blues - Libro 2: Fraseo melódico

Guía completa para tocar guitarra blues - Compilación

El sistema CAGED y 100 licks para guitarra blues

Cambios fundamentales en guitarra jazz: ii V I mayor

Dominio del ii V menor para guitarra jazz

Solos de jazz blues para guitarra

Escalas de guitarra en contexto

Acordes de guitarra en contexto

Dominio de los acordes en guitarra jazz (Acordes de guitarra en contexto - Parte 2)

Técnica completa para guitarra moderna

Dominio de la guitarra funk

Teoría, técnica y escalas - Compilación completa para guitarra

Dominio de la lectura a primera vista para guitarra

El sistema CAGED y 100 licks para guitarra rock

Guía práctica de la teoría musical moderna para guitarristas

Lecciones de guitarra para principiantes - Guía esencial

Solos en tonos de acorde para guitarra jazz

Guitarra rítmica en el heavy metal

Guitarra líder en el heavy metal

Solos pentatónicos exóticos para guitarra

Continuidad armónica en guitarra jazz

Solos en jazz - Compilación completa

Compilación de acordes para guitarra jazz

Fingerstyle en la guitarra blues

Solos en rock melódico para guitarra

Pop y rock para ukelele: Rasgueo

www.ingramcontent.com/pod-product-compliance
Lightning Source LLC
Chambersburg PA
CBHW081134090426

42737CB00018B/3342